完善广东高水平对外开放体制机制

改革再造一个新广东系列丛书

中共广东省委党校（广东行政学院）编
李金哲　易云锋　主编

SPM 南方传媒 | 广东人民出版社
·广州·

图书在版编目（CIP）数据

完善广东高水平对外开放体制机制 / 中共广东省委党校（广东行政学院）编 ; 李金哲、易云锋主编. -- 广州 : 广东人民出版社, 2025. 1. --（改革再造一个新广东系列丛书）. -- ISBN 978-7-218-18266-7

Ⅰ. D619. 65

中国国家版本馆 CIP 数据核字第 2024DD9830 号

WANSHAN GUANGDONG GAOSHUIPING DUIWAI KAIFANG TIZHI JIZHI

完善广东高水平对外开放体制机制

中共广东省委党校（广东行政学院） 编

李金哲　易云锋　主编

出 版 人： 肖风华

出版统筹： 卢雪华

责任编辑： 伍茗欣　李鲁新

责任校对： 吴丽平

装帧设计： 样本工作室

责任技编： 吴彦斌

出版发行： 广东人民出版社

地　　址： 广州市越秀区大沙头四马路 10 号（邮政编码：510199）

电　　话：（020）85716809（总编室）

传　　真：（020）83289585

网　　址： http://www. gdpph. com

印　　刷： 广州市豪威彩色印务有限公司

开　　本： 889 毫米×1194 毫米　1/32

印　　张： 5. 25　　**字　　数：** 90 千

版　　次： 2025 年 1 月第 1 版

印　　次： 2025 年 1 月第 1 次印刷

定　　价： 32. 00 元

如发现印装质量问题，影响阅读，请与出版社（020-85716849）**联系调换。**

售书热线： 020-87716172

编委会

序

党的二十届三中全会是在以中国式现代化全面推进强国建设、民族复兴伟业的关键时期召开的一次十分重要的会议，是在新的历史起点上进一步全面深化改革，推进中国式现代化的总动员、总部署，是对新时代新征程举什么旗、走什么路的再宣示，具有重大的政治意义和深远的历史影响。习近平总书记的重要讲话，深刻阐述了进一步全面深化改革、推进中国式现代化的一系列方向性、根本性重大问题，为进一步全面深化改革提供了根本遵循。全会审议通过的《中共中央关于进一步全面深化改革、推进中国式现代化的决定》，既是党的十八届三中全会以来全面深化改革的实践续篇，也是新征程推进中国式现代化的时代新篇。

广东是改革开放的排头兵、先行地、实验区，必须在进一步全面深化改革中走在前、作表率，更好肩负起在推进中国式现代化建设中走在前列的使命任务。省委始终牢记习近平总书记和党中央的厚望重托，深入领会党的二十届三中全会的战略擘画，深刻把握广东在全国改革发展大局中的责任使命，召开省委十三届五次全会，出台贯彻落实意见，紧紧围绕走在前列的目标要求，聚力更好发挥窗口作用、更好发挥先行示范作用、更好发挥排头兵作用、更好发挥挑大梁作用，对广东进一步全面深化改革作出系统安排，努力展现新气象、干出新作为、谱写新华章。

学习、宣传、贯彻党的创新理论和战略部署是党校的职责使命。为帮助广大党员干部深刻领会党的二十届三中全会精神，深入了解广东改革开放特别是新时代以来的实践探索、全国兄弟省份的创新经验，推动省委十三届五次全会的改革谋划落地落实，省委党校（广东行政学院）集中骨干力量迅速组建 9 个团队，会同广东人民出版社，确定以“改革再造一个新广东”为主题编写学习贯彻党的二十届三中全会精神系列教材，历经多轮研讨打磨，最终成书。系列教材坚持政治性与通俗性相统一、准确性与可读性相统一、整体性与针对性相统一，文风力求鲜明生动、语言力求晓畅明白，有质有文、夹叙夹议，在精准阐释党的二十届三中全会战略部署及省委十三届五次全会工作安排的基础上，既对广东改革开放历史进行总体把握，又分领域分专题进行系统梳理，既充分挖掘展现新时代以来广东的实践探索，又针对性地学习阐释兄弟省份的先进经验，为全省广大党员干部进一步激发艰苦奋斗精神、拓宽创新发展视野、笃定改革前行方向提供有益的学习、参考和借鉴。

理论是灰色的，而生命之树常青。实践发展永不停步，思想引领、理论建设永无止境。今后，我们将始终心怀“国之大者”，聚焦党中央战略部署、省委具体安排，锚定建设全国一流党校奋斗目标，贯彻落实基本培训要求，不断优化课程体系、加强教材建设、创新实践教学，深化教学改革，持续提升教学质量，为广大党员干部坚定理想信念、拓展思维视野、提升理论素养、提高履职能力提供强有力支撑，为广东进一步全面深化改革、在推进中国式现代化建设中走在全国前列作出新的更大贡献。

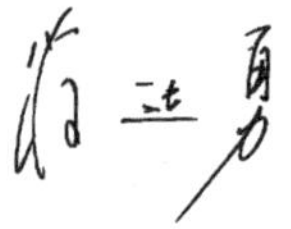

2024 年 12 月

目　录

CONTENTS

引言　开放是中国式现代化的鲜明标识

开放是中国式现代化的鲜明标识，也是当代中国的鲜明标识。从本质上来讲，开放就是改革，改革内蕴开放。可以说，没有高水平的开放，就难以推动有深度、有力度的改革。以开放促改革、促发展，是我国改革发展的成功实践，也是我国现代化建设不断取得新成就的重要法宝。中国式现代化正是在开放中得以开创、发展、壮大，未来也只有更高水平的开放才能开创中国式现代化的新局面。实践充分证明，中国越发展，就越开放，开放带来进步，封闭必然落后，对外开放是我国各项事业发展壮大的关键一招。

纵览世界各国的历史发展，一个国家的兴

盛无不与开放有着密不可分的关系。党的十八大以来，中国实施更加积极主动的开放战略，构建面向全球的高标准自由贸易区网络，加快推进自由贸易试验区、海南自由贸易港建设，推动共建“一带一路”，并成功举办了七届中国国际进口博览会。中国在制度机制及实践创新领域均取得了重大进展，形成更大范围、更宽领域、更深层次的对外开放格局，推动对外开放取得历史性成就、发生历史性变革，为中国式现代化的发展开辟了前所未有的广阔空间，同时也为全球经济的共同繁荣注入了强劲的动力。

党的二十届三中全会通过的《中共中央关于进一步全面深化改革、推进中国式现代化的决定》（以下简称《决定》）将“完善高水平对外开放体制机制”列为单独章节，并对完善高水平对外开放体制机制进行重要部署。这充分体现了以习近平同志为核心的党中央对对外开放的高度重视，彰显了中国坚定不移扩大开放的信心与决心。从全球化历史演进看，经济全球化大致经历了三个阶段，即殖民扩张和世界市场形成阶段、两个平行世界市场阶段、经济全球化阶段。近年来，经济全球化曲折向前，但也遭遇了逆流，“脱钩断链”“小院高墙”等甚嚣尘上，大国博弈、地缘冲突等给发展带来诸多干扰，世界开放指数呈下滑态势。全球化的动力和阻力相互胶着，但动力仍然胜过阻力，开放包容、合作共赢才是人间正道。无疑中国是站在历史正确的一边，不断扩大高水平对外开放，推动产业链供应链国际合作，推动经济全球化向前发展，推动构建人类命运共同体。从国内发展看，实现人类历史上规模最大、难度最大的现代化，要求中国积极扩大内需，发挥超大规模市场优势，增强国内国际两个市场的联动效应，这就需要中国以高水平对外开放推动高质量发展，为中国式现代化厚植强大的物质基础。

完善高水平对外开放体制机制在新时代新征程中具有重要的时代价值和深远的历史意义，这是推进中国式现代化的内在要求，是推动高质量发展的强大动力，是推动经济全球化的大国担当，是构建人类命运共同体的重要举措。我们要全方位、深层次把握高水平对外开放的深刻内涵，坚定不移地推进高水平对外开放，实施更大范围、更宽领域、更深层次的对外开放。

第一，对接国际高标准的制度型开放是中国高水平对外开放的重要标志。主动对接国际高标准经贸规则，实现规则、规制、管理、标准相通相容，是稳步扩大制度型开放的重要内容。党的十八大以来，中国对标国际高标准经贸规则，既持续深化商品和要素流动型开放，又稳步拓展制度型开放。当前，推进高水平对外开放，就是要以推进加入《全面与进步跨太平洋伙伴关系协定》和《数字经济伙伴关系协定》为契机，推动重点领域规则、规制、管理、标准等同国际规则更高水平对接，构建更高水平开放型经济新体制，打造世界开放新高地。

第二，自主开放和对最不发达国家单边开

放是中国高水平对外开放的重要形式。扩大自主开放和对最不发达国家单边开放，是党的二十届三中全会的最新要求。党的十八大以来，自由贸易试验区和海南自由贸易港建设就是自主开放的重要实践，有效发挥了改革开放综合试验平台作用，也是中国自主开放的重要表现。同时，自 2024 年 12 月 1 日起，对原产于同中国建交的最不发达国家 100%税目产品适用税率为零的特惠税率，进而通过中国开放带动世界发展。推进高水平对外开放，就是要更加积极主动地扩大开放，进一步放宽市场准入，发挥开放平台先行先试作用，加大对最不发达国家支持力度，以自身开放促进全球共同开放，实现中国与世界的良性互动。

第三，把握数字化绿色化机遇的开放是中国高水平对外开放的时代特色。数字化绿色化是世界经济发展新的重要引擎，对世界经济发展起到至关重要的作用，也是世界经济可持续发展的新动力。党的十八大以来，中国数字经济、绿色经济加快发展，2023 年数字化交付的服务进出口额（衡量包含数字产品贸易、数字服务贸易、数字技术贸易和数据贸易在内的数字交付贸易）超过 2.7 万亿元，跨境电商进出口额达 2.4 万亿元，新能源领域贸易投资合作为全球绿色转型作出巨大贡献。推进高水平对外开放，就是要以数字化绿色化为方向，加快发展方式转型，深化数字经济和绿色发展国际合作，积极参与和引领国际规则制定，增强发展新动能新优势。

第四，增进民生福祉是中国高水平对外开放的根本目的。高水平对外开放是满足人民美好生活需要的开放，最终目的是通过开放进一步提升人民的生活水平。党的十八大以来，对外开放有力推动稳增长、稳就业、惠民生，外贸外资直接和间接带动就业超过 2 亿人，大量优质进口促进了产业升级和消费升级。当前，人民对美好生活的向往总体上已从“有没有”转向“好不好”，从物质需求转向经济、文化、社会、生态等多方面需求。推进高水平对外开放，就是要在开放中保障和改善民生，巩固外贸外资基本盘，将开放红利转化为发展动力，促进区域协调发展，让开放成果更多更好惠及人民群众，使人民群众能实实在在享受到开放的成果。

第五，合作共赢的开放是中国高水平对外开放的重要目标。历史反复证明，开放包容、合作共赢才是人间正道，封闭僵化、脱钩断链是不符合历史潮流的。党的十八大以来，中国坚定奉行互利共赢的开放战略，已经成为 140 多个国家和地区的主要贸易伙伴，对世界经济增长的贡献率长期保持在 30% 左右。当前，人类社会要破解发展难题，比以往任何时候都更需要国际合作和开放共享。推进高水平对外开放，就是要拉紧与世界各国的利益纽带，深度参与全球产业分工和合作，维护多元稳定的国际经济格局和经贸关系，促进共同发展。

第六，统筹发展和安全的开放是中国高水平对外开放的有力保障。越开放就越要重视安全，尤其是要统筹好发展和安全，只有这样，才能推动形成高质量的新发展格局。党的十八大以来，中国坚决贯彻总体国家安全观，织密织牢开放安全网，有效防范和化解各种风险。当前，开放合作面临复杂严峻的国际形势，各种“黑天鹅”“灰犀牛”等事件随时可能发生，不确定难预料因素持续增多。推进高水平对外开放，就是要坚持高质量发展和高水平安全良性互动，着力提升开放监管能力和水平，在扩大开放中增强综合实力、动态维护国家经济安全。

开放是世界各国命运与共的大事业，中国扩大高水平对外开放，推动经济全球化向前发展，是对人民好、对中国好、对世界好的大事业。广东作为中国改革开放的前沿阵地，是中国对外开放的先行者、排头兵和实验区。如果说改革是广东的根、广东的魂，那么开放就是广东改革开放的画龙点睛的“睛”，两者互促互进、缺一不可。改革和开放相辅相成、相互促进，改革必然要求开放，开放也必然要求改革。只有开放的广东，才会成为现代化的广东，才能使得广东在推进中国式现代化建设中走在前列。广东要坚定不移贯彻落实对外开放基本国策，坚持以开放促改革，依托中国超大规模市场优势，在扩大国际合作中提升开放能力，建设更高水平开放型经济新体制，继续写好以开放促改革、促发展的文章，在高水平开放中赢得优势、赢得主动、赢得未来。

第一章　稳步扩大制度型开放

当前，全球化进程正处于一个复杂动荡的转型期，既往矛盾不断激化，多方力量交织博弈，地缘政治局势持续动荡不安，局部地区冲突频发。与此同时，单边主义与贸易保护主义思潮蔓延，逆全球化趋势乘势而起。在此背景下，以习近平同志为核心的党中央向世界承诺，“中国开放的大门不会关闭，只会越开越大”①，通过不断扩大对外开放为世界作出更多中国贡献。作为世界上第二大经济体和负责任的大国，中国始终坚守开放发展的理念，通过不断深化高水平对外开放，向世界坚定展示开放合作的决心与担当。

---

① 《习近平著作选读》第 2 卷，人民出版社 2023 年版，第 143 页。

一、制度型开放是高水平对外开放的重要标志

2018年底的中央经济工作会议首次对“制度型开放”进行战略部署，之后中国不断深入推进制度型开放。党的二十大报告在“加快构建新发展格局，着力推动高质量发展”部分明确提出了推进高水平对外开放的战略举措，就是要“稳步扩大规则、规制、管理、标准等制度型开放”。这一论断深刻揭示了新时代我国对外开放的新阶段、新形态与新要求。党的二十届三中全会通过的《决定》再次强调要“稳步扩大制度型开放”，主要从对接国际规则、扩大自主开放、改革援外体制机制、参与全球经济治理和扩大自由贸易区网络五个方面进行发力。

制度型开放，不同于商品和要素流动型开放，它更强调规则、规制、管理、标准等方面的开放与对接，其内涵更为丰富，机制更为复杂。传统的商品和要素流动型开放，重点在于

降低和取消贸易和投资壁垒，促进商品、服务、资本、技术、人员等要素的自由流动，关注的是“边境上”的开放；而制度型开放重点在于规则、规制、管理、标准等制度层面的开放，需要通过改革国内体制机制，推动国内规则体系与国际高标准经贸规则的对接和融合，属于“边境后”的开放。

制度型开放的运转逻辑是如何在制度领域与国际高标准经贸规则相对接、相衔接，减少对外开放过程中的各种制度成本。这些制度要素至少包括规则、规制、管理、标准等。国际高标准经贸规则一般在自由化水平高、议题范围广、规则约束强的国际性或区域性自由贸易协定中体现，例如综合性强的《全面与进步跨太平洋伙伴关系协定》、专业领域的《数字经济伙伴关系协定》。此类国际经贸规则的高标准，对应着营商环境和对外开放的高水平。自由化水平高，意味着趋向全面市场开放，取消所有关税和非关税壁垒；货物贸易零关税占比99%以上；服务贸易和投资采用负面清单模式开放，除了涉及国家安全、金融稳定、文化保护等方面，承诺给予外商全面国民待遇。制度型开放议题范围广，意味着由与市场准入相关的“边境上”措施，延伸到以国内规制为主的“边境后”措施，更多纳入数据流动、国有企业、环境、劳工、反腐败等国内议题。规则约束强，意味着强调规则纪律的执行力和约束力，注重各国监管政策和法律法规的制定、实施、程序保障及透明度，普遍要求相关规则议题与争端解决机制挂钩。

制度型开放强调清理修改与国际通行标准不一致或存在冲突的相关政策规定，确保国内营商环境中的贸易、投资、法治等诸多规则体系与国际高标准经贸规则大致一致或高度对接。这一过程旨在为国内外企业提供公平、公正、可预期的市场环境，营造一个市场化、法治化、国际化的营商环境，为国内外企业提供同等参与的竞争机会，释放各类市场主体活力和创造力。在与国际规则主动对接的过程中，往往伴随着参与对后续国际规则的制定和引领。当前我国正积极参与全球经济治理体系改革与建设，并在这个过程中不断提出中国方案、贡献中国智慧、显现中国担当。这有助于我国推动构建更加公正合理的国际经济新秩序，为全球经济的繁荣与发展注入新的活力。

第一，主动对接国际高标准经贸规则，在产权保护、产业补贴、环境标准、劳动保护、政府采购、电子商务、金融领域等方面实现规则、规制、管理、标准相通相容，打造透明稳定可预期的制度环境。

国际高标准经贸规则不等同于西方规则，对接也不是简单融入或被动接受，而是根据具体情况进行不同层次的主动对接。一是主动对接的规则范围和内涵的不断扩大、深化。除了之前提出的劳动保护、政府采购、电子商务等规则外，《决定》新提出了在产业补贴、环境标准、产权保护等领域也要实现规则、规制相通相容，如产权保护不仅包括有形财产的保护，还包括知识产权等无形资产的保护，这也契合了中国科技体制改革的需要。二是结合加入

《全面与进步跨太平洋伙伴关系协定》《数字经济伙伴关系协定》进程，积极推进有关法律和行政法规的制定与修订，持续推进相关领域改革，推动与国际高标准经贸规则兼容对接。三是支持有条件的自贸区港对接国际高标准经贸规则开展先行试验，做好压力测试。2023 年，国务院先后印发《关于在有条件的自由贸易试验区和自由贸易港试点对接国际高标准推进制度型开放的若干措施》《全面对接国际高标准经贸规则推进中国（上海）自由贸易试验区高水平制度型开放总体方案》等文件，在广东、天津、福建、北京等 5 个具备条件的自贸试验区和海南自由贸易港主动开展试点，为推动中国加入高标准经贸协定提供实践支撑。四是将主动对接国际高标准经贸规则作为打造透明稳定可预期的制度环境的主要内容，这也必将为中国招商引资创造一个更加长期的稳定环境。

第二，扩大自主开放，有序扩大我国商品市场、服务市场、资本市场、劳务市场等对外开放，扩大对最不发达国家单边开放。

自主开放和单边开放都是我国主动向世界开放的重要形式，是我国以对外开放的主动赢得经济发展主动、国际竞争主动的必然选择，也是不断以中国新发展为世界提供新机遇的实际行动。

一方面，要厘清扩大自主开放和对最不发达国家单边开放两个概念。首先，自主开放不是被动开放、被迫开放，而是指在没有国际条约和承诺约束下，立足我国自身发展需要、兼顾与世界良性互动需要，结合不同行业和领域特点，有节奏、有范围、有层次地主动开放。自主开放既体现了“以我为主”，即中国不是只能在对等原则下才开放，也不是迫于外界压力不得已开放，而是根据我国现代化建设需要，统筹推进深层次改革和高水平开放、统筹高质量发展和高水平安全，也体现了“合作共赢”，即在中国经济与世界经济深度融合的背景下，注重我国开放发展的外部效应，通过推进自身开放促进世界共同开放，实现良性互动。可以说，扩大自主开放，对内是更好发挥以开放促改革促发展的动力作用，对外是更好发挥以开放促合作促共赢的引领作用，有利于推动高质量发展、推进中国式现代化，也有利于推动建设开放型世界经济、构建人类命运共同体，是对中国好、对世界也好的双赢之举。其次，单边开放与对等开放、互惠开放、条约开放相对应，是指无论对方是否对自己开放，一国或经济体都单方面、主动向对方扩大开放，因而具有不寻求对应开放、基本不受协议约束、不违反现行规则等特点。中国对最不发达国家单边开放、单边给惠，可帮助其更好融入国际市场，实现共同发展，也彰显了我国负责任大国的形象。

另一方面，要明确《决定》关于扩大自主开放和对最不发达国家单边开放的具体战略部署。一是持续放宽市场准入。中国通过有序扩大商品市场、服务市场、资本市场、劳务市场等对外开放，有序推动电信、互联网、教育、文化、医疗等领域扩大开放，扩大鼓励外商投资产业目录，合理缩减外资准入负面清单。二是参与全球经济治理体系改革。中国坚决反对贸易保护主义，维护多边贸易体制，加强涉及利率、汇率、资本流动、人民币国际化等国际宏观经济政策多双边协调，推动贸易和投资自由化便利化，提供更多国际公共产品。三是扩大对最不发达国家单边开放，在多边、区域和双边合作中充分考虑其关切，坚持支持最不发达国家等有关发展中国家立场。同时，实施单方面免签入境政策，扩大中外人员交流，让更多外国人亲身感受真实的中国，壮大知华友华力量。

第三，深化援外体制机制改革，实现全链条管理。党的二十大报告指出：“中国愿加大对全球发展合作的资源投入，致力于缩小南北差距，坚定支持和帮助广大发展中国家加快发展。”《决定》进一步提出要“深化援外体制机制改革”。深化援外体制机制改革首要在于元首外交领航定向，重点在于推进“全球南方”共同发展，着重培养最不发达国家自身的可持续发展能力，持续引领国际发展合作，助力构建新发展格局，推动建立平等、互利、可持续的经贸合作关系。

党的十八大以来，习近平总书记从全球视角思考责任担当，提出构建人类命运共同体、共建“一带一路”等新思想新倡议，倡导正确义利观和亲诚惠容理念，全力落实全球发展倡议，引领全球抗疫合作，积极开展人道主义援助，不断开拓多边与三方合作，中国的对外援助顺应时代要求，向国际发展合作转型升级，呈现新气象、实现新发展、进入新时代。几年来，中国共向 70 多个国家提供千余次紧急援助，与联合国开发计划署等 20 多个国际组织开展减贫、粮食安全、公共卫生、气候变化、生态环保等领域三方合作，在近 60 个国家实施了 130 多个项目，超过 3000 万人受益。2024 年 9 月，中非合作论坛北京峰会通过了《关于共筑新时代全天候中非命运共同体的北京宣言》《中非合作论坛—北京行动计划（2025—2027）》，明确未来三年将实施“中非携手推进现代化十大伙伴行动”，中国政府愿提供 3600 亿元人民币额度的资金支持，包括提供2100亿元人民币信贷资金额度和800亿元人民币各类援助、推动中国企业对非投资不少于700亿元人民币，深化中非合作，引领全球南方现代化。以上这些内容都是中国深化援外体制机制改革，实现全链条管理的具体表现。

第四，维护以世界贸易组织为核心的多边贸易体制，积极参与全球经济治理体系改革，提供更多全球公共产品。有关研究表明，近10年来“世界开放指数”不断下滑，全球开放共识弱化。全球产业链供应链呈现本土化、区域化、短链化趋势，一些国家推动“脱钩断链”，把世界经济政治化、工具化、武器化。党的十八大以来，以习近平同志为核心的党中央把握时代大势，顺应历史潮流，不断推动贸易和投资自由化便利化，维护以世界贸易组织为核心的多边贸易体制，引导经济全球化朝着更加开放、包容、普惠、平衡、共赢的方向发展。中国作为世界第二大经济体和第一大货物贸易国，坚持真正的多边主义，始终是多边贸易体制的积极参与者、坚定支持者和重要贡献者。一方面，坚定维护以世界贸易组织为核心的多边贸易体制，全面深入参与世界贸易组织改革，推动恢复争端解决机制正常运转，力争达成首套多边数字贸易规则。另一方面，倡导平等有序的世界多极化、普惠包容的经济全球化，推动落实全球发展倡议、全球安全倡议、全球文明倡议，积极参与全球治理体系改革和建设，为世界各国提供更多的全球公共产品。

第五，扩大面向全球的高标准自由贸易区网络，建立同国际通行规则衔接的合规机制，优化开放合作环境。

扩大面向全球的高标准自由贸易区网络，是我国实行更高水平对外开放的战略举措，是我国推动更深层次体制改革的重要动力，是推动国际经贸治理体系改革完善的客观要求。截至 2024 年 11 月，已与 30 个国家和地区签署了 23 个自贸协定，覆盖亚洲、大洋洲、拉丁美洲、欧洲、非洲，同时，中国与东盟十国领导人宣布实质性结束中国—东盟自贸区 3.0 版谈判，并发表《中国—东盟关于实质性结束中国—东盟自由贸易区 3.0 版升级谈判的联合声明》，初步构筑起立足周边、辐射“一带一路”、面向全球的高标准自由贸易区网络。未来我国将从“扩围、提质、增效”三方面推进自由贸易区建设，同步建设好并发挥好国内 22 个自由贸易试验区的功能和作用，扩大面向全球的高标准自由贸易区网络，为推进高水平对外开放提供机制性保障，更好服务构建以国内大循环为主体、国内国际双循环相互促进的新发展格局，以实际行动为构建人类命运共同体添砖加瓦。

二、广东在扩大制度型开放上先行先试

面对全球自由贸易新形势，面对全球地缘政治冲突加剧、地缘经济割裂等突出挑战，广东致力于对标世界最高水平的开放形态，以制度型开放为着力点，充分发挥粤港澳大湾区、

自贸试验区以及横琴、前海、南沙、河套四大平台作用，积极对接国际高标准经贸规则，积极推进规则、规制管理标准对接，在扩大制度型开放方面先行先试，取得了显著成效。

（一）完善粤港澳合作机制，深化规则衔接机制对接

广东积极推进“湾区通”工程，“湾区认证”“港澳药械通”“跨境理财通”“湾区社保通”等一批标志性改革事项落地，取得了巨大成效。截至 2024 年 6 月，广东已联合港澳发布“湾区标准”183 项。一是以职业资格认证促进人员要素流动，扩大会计、法律、医疗、建筑、文旅等领域职业资格认可范围，3500 多名港澳人才通过“一试多证”获得三地技能证书。二是以创新港澳单牌车电子牌证突破境外车辆临时入境限制，实施“港车北上”“澳车北上”政策，累计通行车辆超过 280 万辆次。三是以“湾区认证”等促进大湾区人才交流合作。如南沙支持持有 146 项境外职业资格证书的境外专

业人士就业；前海实现港澳建筑师、工程师、税务师等24类专业人士经备案即可执业；横琴制定港澳医师、药师等跨境执业规定，进一步拓宽港澳专业人士跨境执业空间。

链接

“澳车北上”“港车北上”政策落地实施

“澳车北上”和“港车北上”政策在广东分别于2023年1月1日、2023年7月1日落地实施，符合条件的港（澳）私家车可经港珠澳大桥口岸往来港（澳）与内地，实现“四个首创”。一是核发电子牌证。主动争取公安部大力支持，突破境外车辆临时入境有关“界限”，创新提出电子车牌概念。二是推出“免担保”政策。主动协调海关部门争取最大化政策优惠，以省政府名义向国务院申请并获批准实行“免担保政策”。三是实行保险“等效先认”。争取金融监管总局等国家部委支持，实施港澳车辆跨境车险“等效先认”政策，创新实现承保在港澳、理赔在广东。四是创新申办模式。依托中国（广东）国际贸易“单一窗口”，联合港澳共建跨境车辆一体式信息系统，实现公安、海关、边检、口岸等部门数据共享，车主不出港澳即可一网申办。

“澳车北上”“港车北上”政策实施顺利，得到港澳居民热烈反响，截至2023年底，累计注册港澳用户11.1万多个，核发牌证6.4万多副，5.7万多辆港澳私家车出入广东、累计入出境132.9万多辆次。

点评　“澳车北上”“港车北上”是深化与港澳规则衔接机制对接的有效措施，有利于推进港澳人士与内地的深度交流，只有人流动起来，物流、资金流才能更为畅通，也为未来实施“粤车南下”提供了有益经验借鉴。

（二）优化对接国际高标准试点措施，扩大制度型开放领域

广东自贸试验区深入实施自贸试验区提升

战略，对跨境服务贸易实施负面清单管理，并获批成为全国首批对接国际高标准推进制度型开放试点区域，其中制造产品进口、跨境金融服务、境外人员便利流动等 33 项试点措施全部落地并形成初步成效。截至 2024 年 6 月，货物贸易方面，办理便利化货物进口 688 亿元，惠及企业 3500 家；跨境金融方面，“跨境理财通”试点产品合计超 3300 种，资金汇划 507 亿元，惠及个人投资者 11 万人；境外人士执业方面，推动各片区境外职业资格获得认可超 100 项；人员流动方面，签发 M 字（贸易）和 F 字（访问）签证 6088 人次，同比上升 220%。如南沙推出“智慧审证”项目，对符合条件进口的冻肉、水产品、水果等新鲜易腐货物实现快速放行。

链接

上海自贸试验区对接国际高标准经贸规则

2024 年 8 月 20 日，中国（上海）自贸试验区临港新片区迎来挂牌五周年。临港新片区凭借连接全球、融通世界的区位优势，已经建立以“五自由一便利”为核心的制度型开放体系，以八大前沿产业为代表的世界级先进前沿产业集群。临港新片区将始终以制度创新为核心，以科技创新为动力，以先进制造业为支撑，以跨境服务贸易为特色，以“近悦远来”为目标，打造开放型的制度体系、科创体系、产业体系、服务业体系、营商环境，以更加开放的姿态拥抱世界，以更大力度的创新引领发展。

临港新片区外籍人士服务中心、临港新片区“走出去”综合服务平台、临港新片区国际股权投资服务平台等三个以服务推动高水平开放的公共服务平台逐步完善。

1. 临港新片区外籍人士服务中心位于国际人才服务港，通过建立“1+2+N”服务体系，创设多元服务集成，打造“类海外”“国际风”“友好型”发展环境，提升外籍人士获得感、幸福感。

2. 临港新片区“走出去”综合服务平台是

加快推进高水平对外开放的重要载体，建立一个实体化公共服务中心、一批线上专业化服务平台、一系列专业服务业集聚区、一支专业化服务团队的“四个一”服务体系。

3. 临港新片区国际股权投资服务平台将采用线上、线下相结合的形式，提供科创种子孵化、投融资服务、基金服务、信息共享、培训沙龙等全方位一体化的服务，打造股权投资管理机构和人才聚集的“新高地”，培育科技创新和金融创新融合发展的“新模式”。

截至 2024 年 8 月，临港新片区累计形成突破性制度创新案例 138 个，其中全国首创 70 个，地区生产总值年均增长 19.8%，外商直接投资实际到位额年均增长 45.3%，贸易进出口额年均增长 37.5%，成效显著。

点评 上海自贸试验区临港新片区三个以服务推动建设高水平开放的公共服务平台，并以“近悦远来”作为品牌进行宣传，这一系列措施值得借鉴学习，尤其是致力于外籍人士、综合服务和国际股权投资三个方面，是推进科技创新和引进国际优秀人才的有效抓手。

（三）加快重大合作平台建设，发挥平台综合作用

横琴、前海、南沙、河套等重大合作平台在制度、服务等方面取得了巨大成效，平台作用发挥巨大，截至 2024 年 6 月，横琴首创跨境车险“三地保单一地购买”新模式，澳门出入横琴单牌车成本降低 30%。一是横琴首创“医保一站通”，为超 6 万名澳门居民提供跨境办理医保服务便利。二是前海深入推进跨境金融创新，“深港融资通”便利深圳 51 家跨国公司全球化运营，惠及境内外企业近 1600 家，业务规模达 1842 亿美元。三是南沙全面加强与港澳对接合作，汇聚港澳及国际商业协会 61 家，港澳青年创新基地累计入驻港澳台侨企业项目 757 个。四是河套率先开展跨境数据交易试点，跨境交易额突破 1. 7 亿元。2023 年 7 月至 2024 年

6月，广东自贸试验区外贸进出口6584亿元，占全省7.4%，同比增长11.9%；实际利用外资33亿美元，占全省20%；税收收入1063.6亿元，同比增长16.2%；新设企业2.7万家，同比增长8.3%。

链接

深圳前海创新跨境商事法律规则衔接机制

深圳前海“创新跨境商事法律规则衔接机制对接”通过“一个突破，两个支撑，三方联动”实现跨境商事法律规则衔接机制对接。

“一个突破”：运用特区立法权出台前海合作区条例，允许民商事合同当事人一方为在前海注册的港澳台资及外商投资企业协议选择合同适用的法律，突破了中华人民共和国涉外民事关系法律适用法需合同具有涉外因素方可适用域外法的规定。

“两个支撑”：通过前海法院“港区调解”“港区陪审”制度和深圳国际仲裁院聘请香港法

律专业人士担任理事、仲裁员等参与国际仲裁制度保障落实当事人适用境外法的选择。

“三方联动”：通过成立粤港澳合伙联营律师事务所、设立域外法查明专业机构和打造“一带一路”法治地图项目为当事人适用境外法提供服务保障和资源支撑。该创新成果有效促进与港澳司法深度交流。

数据显示，截至2023年3月，前海法院适用域外法审理案件167件，其中适用香港法审理118件（居全国基层法院第一）；深圳国际仲裁院2022年受理案件总争议金额人民币1272亿元，跃居亚洲第一，全球前三；7家粤港澳联营律师事务所集聚前海。

除此之外，8项规则在前海试点或率先实践，使得前海成为内地与香港关联度最高、合作最紧密的区域之一，具体包括：粤港澳跨境信用报告标准互认、港澳律师实现在大湾区内地九市便利执业、“湾区社保通”推动粤港澳社保事业深度融合发展、“港澳药械通”助力健康湾区建设、“域外法查明通”、粤港澳大湾区工程师资格互认模式探索与标准制定、“跨境理财通”推动金融市场双向开放、创新海关监管模式助力航空货物便捷通关。

点评 深圳前海的跨境商事法律规则衔接机制为建设中国特色社会主义法治体系提供了良好借鉴。香港作为英美法系与中国特色社会主义法治体系差异较大，香港能够成为世界第三大金融中心与英美法系关系甚大，但法治体系都是方式手段，不是区分社会主义和资本主义的根本标志，只要有利于中国特色社会主义事业发展的，都可以大胆吸收借鉴。

（四）推进高水平开放各项试点，推动规则规制创新

广东加快推进各地创新高水平开放试点，截至 2024 年 9 月，广东先后设立 7 个省级改革创新实验区，部署 7 个综合改革试点和 13 个专项改革试点，分三批向省内复制推广基层首创经验 37 项，试点的示范突破带动作用充分彰

显。同时，广东积极推进建设粤港澳大湾区全球贸易数字化领航区，已经确定的 74 项改革任务已实施 71 项，并推进全球航运服务网络建设，推广电子提单应用。如 2024 年一季度，广东数字贸易额 252.9 亿美元，同比增长 6.3%，成效显著；又如 2024 年上半年，广州扎实开展国家服务业扩大开放综合试点，130 项改革任务已实施 118 项，广州规模以上服务业实现营业收入增长 7.4%。

三、以对接国际高标准规则进一步扩大制度型开放

广东省委十三届五次全会明确指出，“要更好发挥排头兵作用，在进一步全面深化改革中攻坚克难、开创新局”，并对广东制度型开放提出了一系列具体举措。这一系列举措，不仅是对国家发展战略的积极响应，更是培育新质生产力、激发经济新活力、探索高质量发展新路径的重要实践。广东要稳步扩大制度型开放，

主动对接国际高标准经贸规则，加速推进规则、规制、管理、标准等关键领域与港澳的对接与融合，在知识产权保护、金融服务创新、数据跨境流动、人员便捷往来等方面形成相互兼容、彼此包容的市场规则体系，推动建设一个更加开放的广东。

（一）深入实施“五外联动”，推进高水平对外开放

深入实施“五外联动”，就是要推动外贸、外资、外包、外经、外智联动改革，促进外贸与外资同频共振、“引进来”与“走出去”一体发展、引资与引智协同联动。“五外联动”通过全力推动外贸稳规模优结构、促进外资扩增量稳存量提质量、加快服务外包提质升级、推动外经做优做强、加大引进外智力度等措施，进一步建设更高水平开放型经济新体制，加快塑造国际合作与竞争新优势，全面提升广东在全球产业链供应链价值链中的地位，打造形成全球高端要素集聚和资源配置的枢纽区域，推

动贸易强省建设迈上一个新的台阶。

（二）主动对接国际高标准经贸规则，引领打造国际一流营商环境

总体而言，广东要主动对接国际高标准经贸规则，以规则机制“软联通”促进市场一体化，引领打造市场化、法治化、国际化一流营商环境。一方面，要充分发挥毗邻港澳的区位优势，依托粤港澳大湾区的协同发展平台，推动广州白云机场建设国际商务合作区，争取在产权保护、产业补贴、环境标准、劳动保护、政府采购等领域先行先试，加速推进规则、规制、管理、标准等关键领域的对接与融合。另一方面，要通过借鉴香港、澳门等地区的国际先进经验，不断优化营商环境，提升市场透明度和公平性，为国内外企业提供更加开放、便利、高效的投资贸易环境。

同时，粤港澳大湾区作为主动对接国际高标准经贸规则的高水平开放高地，要在“一国两制”的框架下，积极探索并实践不同社会制

度下市场规则的“最大公约数”，粤港澳大湾区建设既要为不同市场机制之间的对接和融通开辟新路径，也要为“边境后”的制度型开放提供经验借鉴。广东要充分发挥毗邻港澳得天独厚的区位优势，加速推进规则、规制、管理、标准等关键领域与港澳的对接与融合，在知识产权保护、规制监管衔接、标准统一、金融服务创新、数据跨境流动、人员便捷往来等方面形成相互兼容、彼此包容的市场规则体系。此外，广东要充分借鉴港澳已有的优化营商环境的先进经验，持续优化营商环境，不断提升市场的透明度和公平性；通过简化行政审批流程、强化法治保障、降低税费负担等措施，有效降低企业运营成本，增强对市场主体的吸引力；加快推动“湾区标准”和“湾区认证”的制定与实施，加强质量基础设施的互联互通，实现产品、服务和管理的标准化、国际化，提升湾区内企业的国际竞争力和市场影响力。

（三）实施自贸试验区提升战略，积极开展更多首创性、集成式探索

广东依托粤港澳大湾区的创新资源集聚优势，积极实施自贸试验区提升战略，在提升开放能级、优化营商环境和发展现代服务业、新质生产力等领域开展更多首创性、集成式探索，积极实施一系列创新性的制度安排，如负面清单管理制度、外资企业登记注册便利化措施等，有效降低市场准入门槛，极大激发市场活力，发挥其在深化改革、扩大开放、促进合作中的试验示范作用，引领形成制度型开放新平台。同时，广东要积极加强与国际创新网络的互联互通，积极引进海外高层次人才和先进技术，加强与港澳及国际科研机构的合作，通过建设一批如深圳国际创新谷、广州科学城等高水平的创新平台和产业园区，成功吸引更多国内外优秀企业和科研机构入驻，共同开展前沿科技研发和产业创新，共同推动形成具有国际竞争力的现代产业体系。

具体而言，一是要持续推进前海深港现代服务业合作区金融开放创新，拓展离岸账户（OSA）功能，借鉴上海自贸试验区自由贸易账户体系（FTA），拓展资本项目可兑换的有效路径；建设新型国际贸易中心，发展离岸贸易，打造货权交割地；建设国际高端航运服务中心，发展航运金融等现代航运服务业；构建多元化争议解决机制，联动香港打造国际法律服务中心和国际商事争议解决中心。二是要打造广州南沙粤港澳全面合作示范区，在内地管辖权和法律框架下，营造高标准的营商环境，提供与港澳相衔接的公共服务和社会管理环境，为港澳产业转型升级、居民就业生活提供新空间。三是要支持横琴粤澳深度合作区与澳门联手打造中拉经贸合作平台，搭建内地与“一带一路”相关国家和地区的国际贸易通道，推动跨境交付、境外消费、自然人移动、商业存在等服务贸易模式创新；支持横琴为澳门发展跨境电商产业提供支撑，推动葡语国家产品经澳门更加便捷进入内地市场。

（四）推进自贸试验区联动发展区建设，争取申报设立粤港澳大湾区自由贸易合作区

广东要持续深化粤港澳投资贸易自由化便利化改革，推进重大合作平台建设，发挥其在深化改革、扩大开放、促进合作中的试验示范作用，推进自贸试验区联动发展区建设，争取申报设立粤港澳大湾区自由贸易合作区。广东正积极推动粤港澳服务贸易一体化进程，通过放宽市场准入、优化服务供给、提升服务质量等一系列措施，不断扩大服务贸易规模，提升服务贸易水平。同时，广东还要加强与港澳在金融服务、专业服务、文化旅游等领域的合作，共同打造具有国际影响力的服务贸易品牌，推动形成服务贸易与货物贸易相互促进、协调发展的良好格局。

（五）扩大自主开放，支持企业参与制定修订更多国际标准

在党中央的决策部署下，广东要进一步扩

大自主开放，完善贸易政策合规机制，打造国际经济合作重要支撑区，拓展合作空间，深化合作层次，支持企业参与制定修订更多国际标准，引领中国企业“走出去”。一是依托港澳的海外商业网络和海外运营经验优势，探索粤港澳共同拓展国际发展空间新模式，引领带动大湾区和全国的产品、设备、技术、标准、检验检测认证和管理服务等走出去。二是发挥港澳在财务、设计、法律及争议解决、管理咨询、项目策划、人才培训、海运服务、建筑及相关工程等方面国际化专业服务优势，扩展和优化国际服务网络，为企业提供咨询和信息支持。三是支持内地企业在香港设立资本运作中心及企业财资中心，开展融资、财务管理等业务，提升风险管控水平。四是加强内地与港澳驻海外机构的信息交流，联合开展投资贸易环境推介和项目服务，助力联合开展“引进来”和“走出去”工作。五是发挥澳门与葡语国家的联系优势，依托中国与葡语国家商贸合作服务平台，为内地企业与葡语国家之间的贸易投资、产业及区域合作、人文及科技交流等活动，提供金融、法律、信息等专业服务，联手开拓葡语国家和其他地区市场。

第二章　深化外贸体制改革

随着全球化日趋深入，深化外贸体制改革对于推动中国经济高质量发展具有深远的意义。外贸体制关系到一个国家的经济发展、国际贸易关系以及对外开放程度等多个方面，其改革不仅关乎经济领域的调整与优化，更牵动着国家开放战略的全局。习近平总书记多次强调，要"坚定不移全面扩大开放，将更有效率地实现内外市场联通、要素资源共享，让中国市场成为世界的市场、共享的市场、大家的市场，为国际社会注入更多正能量"[①]。中国将推动更高水平开放，增强对外贸易的综合竞争力，推

① 习近平：《论把握新发展阶段、贯彻新发展理念、构建新发展格局》，中央文献出版社 2021 年版，第 431 页。

进贸易创新发展，积极维护多元稳定的国际经济合作关系，坚定不移同世界共享贸易投资发展机遇。因此，深化外贸体制改革，推动构建更加开放、包容、平衡、共赢的新型贸易体系，正是为了响应党中央的号召，深入贯彻落实对外开放战略，更好提升我国在国际市场上的竞争力和影响力。此外，当前世界经济格局正经历深刻调整，国际贸易保护主义抬头、全球供应链重塑、新兴市场与发达国家经济分化等新挑战接踵而至，给全球贸易环境带来了严峻挑战。在这样的背景下，如何调整和优化外贸结构，提高出口产品质量和附加值，增强国际竞争力，成为摆在我们面前的重要课题。深化外贸体制改革，有助于破解制约外贸发展的体制机制障碍，激发市场主体的活力和创造力，推动对外贸易向优质、高效、可持续的方向发展。

与此同时，我们也要清醒地认识到，深化外贸体制改革并非一蹴而就的过程，而是需要长期的研究和探索。这就要求我们不仅要立足国情，把握国内外经济形势的变化，更要借鉴国际先进经验，勇于创新，敢于实践，通过不断深化外贸体制改革，为中国经济的高质量发展注入新的动力，也为全球经济繁荣稳定做出积极的贡献。

一、以深化外贸体制改革打造贸易强国制度环境

党的十一届三中全会以来，中国走上了改革开放之路，对外贸易的定位也发生了巨大变化，从“调剂余缺”转向全面参与国际分工和国际竞争，使得中国日益与世界接轨，促进了经济社会发展。与整体的改革开放进程一致，中国外贸体制改革采取了渐进式改革方式，先后经历了放权让利、实行承包经营责任制的改革探索阶段，在建立社会主义市场经济体制下构建外贸市场竞争主体的阶段，履行入世承诺、对接多边贸易体制的阶段。中国特色社会主义进入新时代，中国经济步入谋求高质量发展的新阶段，对外贸易也从数量扩张性增长阶段转

向高质量发展阶段。与此相对应，中国要主动谋求建立开放型经济新体制，深化外贸体制改革，构建更高水平的对外贸易体制机制。

《决定》提出的“深化外贸体制改革”内涵丰富且深远，它是完善高水平对外开放体制机制的重要组成部分和必要举措，旨在从根本上改变对外贸易的管理和运行机制，以适应全球经济一体化的趋势和中国经济发展的内在需求。这一改革不仅涉及政策层面的调整，更包括经营机制、竞争环境以及内外贸关系等多方面的变革。具体而言，深化外贸体制改革需要从以下几个方面着手。

第一，强化贸易政策和财税、金融、产业政策协同，打造贸易强国制度支撑和政策支持体系，加快内外贸一体化改革，积极应对贸易数字化、绿色化趋势。从中国的对外贸易水平来看，自 2009 年起，中国的对外贸易额就连续保持全球第一，但存在产业附加值较低、贸易结构有待优化等问题。当前强化贸易政策与其他政策的协同，能更好引导产业转型升级，优化中国对外贸易产品结构，推动在全球价值链中的位置提升，应对好贸易数字化、绿色化新的趋势。例如，通过加大退税力度和供应链金融创新，既可以降低企业税收负担，又可以提升企业的资金运用效率，从而为企业扩大生产和出口提供有力支持。

第二，推进通关、税务、外汇等监管创新，营造有利于新业态新模式发展的制度环境。在全球经济一体化与数字技术加速融合的背景下，传统贸易模式正经历着深刻的变革，跨境电商、数字贸易等新业态新模式逐步成为推动外贸增长的新引擎。然而，这些新兴业态也带来了监管难题，如商品快速流转下的海关查验效率、跨境交易中的税务合规、外汇管理的灵活性与风险控制等。因此，推进通关、税务、外汇等监管创新，不仅是应对当前复杂国际形势的迫切需要，也是为新业态新模式营造宽松制度环境的关键一招。

第三，创新发展数字贸易，推进跨境电商综合试验区建设。面对全球数据流爆发式增长，云计算、大数据、人工智能等技术的迅速迭代，创新发展数字贸易已成为驱动经济增长、提升国际竞争力的新路径。通过跨境电商综合试验区建设，打造数字贸易新模式汇聚、贸易便利化新机制倍出的前沿阵地，为跨境电商企业提供更为宽松、更加便利、更具创新活力的经营环境。从 2015 年至 2023 年，我国已经分七批设立了 165 个跨境电商综合试验区，通过在区域内建立起领先的物流、支付、税务、外汇等配套服务体系，吸引了大量国内外商家入驻，形成了显著的产业集聚效应。可以说，跨境电商综合试验区的设立，不仅促进了数字贸易效率的大幅提升，还孵化了一大批具有国际竞争力的数字贸易企业和产品品牌，增强了中国在全球数字贸易规则制定中的话语权。

第四，建设大宗商品交易中心和全球集散分拨中心，支持各类主体有序布局海外流通设施，支持有条件的地区建设国际物流枢纽中心和大宗商品资源配置枢纽。在全球贸易向数字化、智能化转型的大背景下，中国作为世界第二大经济体及重要的商品生产与消费国，建设大宗商品交易中心和全球集散分拨中心，支持各类主体有序布局海外流通设施，有利于打造一个高效、透明、规范的贸易和流通系统，从而更好地满足全球范围内对能源、金属、农产品等关键资源日益增长的需求。这一战略举措不仅顺应了国际贸易的发展趋势，也是新发展格局下中国深化对外开放、维护供应链安全稳定、提升全球资源配置能力的关键步骤。

第五，健全贸易风险防控机制，完善出口管制体系和贸易救济制度。首先，健全贸易风险防控机制是保护我国企业免受外部冲击的关键措施。近年来，贸易保护主义抬头，各国之间经贸摩擦频发，供应链脱钩断链的风险加剧，对我国的对外贸易发展构成严峻挑战。而贸易风险防控机制的健全，意味着要构建起一套预警、评估、应对的完整体系，能及时识别潜在威胁，采取有效措施减轻或避免损失。其次，强化贸易救济制度是保障我国企业在遭遇不公平贸易行为侵害时能够获得有效救济的法律武器。当我国企业遭遇反倾销、反补贴等贸易壁垒时，贸易救济制度协助企业采取包括谈判、仲裁、调解、上诉等在内的贸易救济措施，有助于帮助企业维护自身合法权益。

第六，创新提升服务贸易，全面实施跨境服务贸易负面清单，推进服务业扩大开放综合试点示范，鼓励专业服务机构提升国际化服务能力。在全球服务贸易日益成为国际竞争焦点的当下，中国服务贸易的发展仍面临着贸易逆差持续扩大、贸易结构不尽合理、贸易企业国际竞争力不强等问题。应对和解决这些问题，不仅需要通过数字化、智能化转型，推动传统服务业与现代科技深度融合，培育服务贸易新业态、新模式，更需要全面实施跨境服务贸易负面清单管理，明确服务贸易领域的限制措施，构建透明、可预期的监管环境。因此，创新提升服务贸易，全面实施跨境服务贸易负面清单，是应对国际竞争、推动国内服务业转型升级的必然选择，将激发服务贸易更多创新活力。

第七，加快推进离岸贸易发展，发展新型

离岸国际贸易业务。当前离岸贸易在全球范围内仍然呈现出发展不平衡、南北差距明显等特征。随着全球贸易的复苏，离岸贸易正成为推动全球贸易和经济增长的重要力量。加快推进离岸贸易发展，包括但不限于离岸转手买卖、全球采购、委托境外加工、承包工程境外购买货物等新型离岸国际贸易，要进一步巩固发展既有的离岸贸易试点成果，创新发展新型离岸国际贸易产品，积极参与制定离岸贸易国际规则。

第八，建立健全跨境金融服务体系，丰富金融产品和服务供给。党的十八大以来，我国有序推进金融业开放，持续拓展金融开放的广度和深度，跨境金融产品不断丰富，服务体系逐步完善，服务能力持续增强，跨境金融发展取得一系列重要成果。当前，建立健全跨境金融服务体系要以安全高效为目标，进一步健全跨境金融基础设施，创新跨境金融产品和服务，积极参与全球金融治理，拓展金融市场互联互通。

二、广东完善外贸体制打造贸易强省

在全球经济格局深刻调整、国际贸易形势复杂多变的背景下，广东积极响应国家战略部署，深入推进外贸体制改革。通过一系列创新举措和积极探索，广东在推进贸易便利化改革、建设高水平贸易平台、培育外贸新业态等方面取得了显著成效，为中国经济的持续稳定发展作出了重要贡献。

（一）打造高水平贸易平台，助推各类开发区功能升级

广东通过自贸试验区建设、各类开发区功能升级、贸易服务平台建设，打造高水平贸易平台。一是推进自由贸易试验区建设。自 2015 年以来，广东自贸试验区坚持以制度创新为核心，深入实施自贸试验区提升战略，推动广东自贸试验区高水平开放和高质量发展，建设成为改革创新“试验田”、对外开放“新高地”，

通过在贸易便利化、粤港澳服务贸易自由化、政府职能转变等方面先行先试，形成了一批可复制可推广的经验，为广东乃至全国的外贸体制改革提供了重要示范。二是推动各类开发区功能升级。广东积极推动经济技术开发区、高新技术产业开发区、加工贸易集聚区、综合保税区等各类经济功能区的转型升级，加强产业规划和基础设施建设，提升园区的产业承载能力和创新发展环境，使其成为广东外贸创新发展的高地。例如，湛江综合保税区叠加“免税、退税、保税”等综保区特有的税收优惠政策，集聚保税加工、维修、研发、仓储、跨境电商等业态，同时，有效联动全市各工业园区，促进“区—区”良性互动、优势互补，从而实现区域内外部产业有机耦合、互利共赢、协调发展。三是加强贸易服务平台建设。为助力企业更好地融入国际市场，广东着力加强贸易服务平台的建设与完善，在信息服务、法律服务、金融服务等方面，全面提升广东的贸易服务水平。

链接

深圳海关建设航空物流公共信息平台
实现口岸"通关+物流"一体化

2022年4月，深圳海关结合地区特色，对标国际先进水平，创新管理模式，建设中国（深圳）国际贸易单一窗口航空物流公共信息平台（以下简称"平台"），推进各市场主体之间标准融合、信息共享和流程优化，实现航空口岸"通关+物流"一体化，促进航空物流领域降本增效。该平台按照"5+4+N"思路，在总署标准版的建设体系下，结合本地特色，分批建设、迭代更新。主要做法有：一是采用"5个统一"，即通过统一认证、统一交换、统一安全、统一运维、统一客服做好底层支撑；二是建设"4大板块"，即通关服务、物流服务、定制服务、政府服务特色功能；三是对接"N个主体"，通过联通航司、货站、货代等主体提供一站式服务。

由于平台支持对接货站、航司、货代等不同主体的作业系统，将通关和物流链条上下游主体的单证连接起来，打破信息孤岛，使得航司或货站仅需与平台一次对接，便可将数据交换到相关方，避免空运出口环节单证信息的重复录入，减少多次对接的软件成本和人力成本，有效实现让数据多跑路、企业少跑腿的目标。

点评 物流成本是国际贸易成本中的重要组成部分，尤其是中国作为“世界工厂”，商品面向全球，节约物流成本有助于提升中国的国际竞争力。可以说，哪个国家或地区的物流成本能率先得到有效控制，哪个国家或地区就会获得国际贸易的巨额流量。深圳海关的航空物流公共信息平台通过数字化降本增效，将进一步巩固深圳作为国际性综合交通枢纽城市和对外开放门户的地位。

（二）推进贸易便利化改革，优化口岸营商环境

广东持续推进贸易便利化改革，不断优化贸易监管模式，致力于打造良好的口岸营商环境。一是优化口岸通关流程。广东以自贸试验区建设为契机，积极推进口岸通关一体化改革，实现企业“一次申报、分步处置”，提高通关效率。例如，广州海关与深圳海关实现了跨关区的申报、查验、放行等环节的协同作业。企业只需一次申报，数据就能在不同关区间共享，无需重复提交，大幅缩短了通关时间，降低了物流成本。二是推广“单一窗口”建设。将海关、检验检疫、海事等部门的业务整合到一个平台上，实现信息共享、协同作业，减少企业申报时间和成本。同时，加强口岸基础设施建设，提升口岸信息化、智能化水平，提高货物通关速度。三是创新监管模式。近年来，广东外贸管理部门在深化跨境合作、建设智慧口岸等方面积极探索实行信用分类监管、智慧监管

等创新模式，对高信用企业给予通关便利，对低风险货物实行快速放行。

链接

广州南沙创新跨境电商出口退货“一站式”监管模式

近年来，广州南沙跨境电商蓬勃发展，不断巩固跨境电商枢纽基地，优化美妆商品进口试点商品，2023 年跨境电商进出口总值达 860 亿元。然而在跨境电商快速发展之下，却面临着出口商品退货渠道不畅等问题。为此，广东自贸试验区南沙片区推出跨境电商出口退货“一站式”监管新模式，其主要做法包括：

一是打通跨境电商出口退货通道，支持跨境电商出口产业链建设。支持企业将境外的出口电商退货商品退回南沙综合保税区，在综合保税区仓库内一站式完成拆包、分拣、上架、存储、复运出口等业务，减少企业在境外设置退货仓的成本。

二是融合出口电商物流和保税物流，支持电商企业高效盘活区内仓储资源。利用“仓储货物按状态分类监管”制度，支持企业将来自境外退货的商品进入综合保税区保税存储，实现与跨境电商出口货物同仓存储、“合包”配送、集柜运输。

三是发挥南沙港的区位优势，推动跨境电商枢纽港建设。叠加海运运输、铁路运输、转关运输、口岸清关等一体化通关模式，有机链接南沙港与其他口岸，实现监管链条“一体化”延伸；整合利用南沙各监管场所和设备等优势资源开展集中验放，支持企业一站式办结相关手续，高效便利出口。

高效快捷畅通的跨境电商出口退货渠道，使跨境电商商品“出得去”“退得回”。企业将境外退货业务集中至南沙，通过与出口货物“合包”模式出口到世界各地，实现业务集聚，降低全球仓储费用，节约管理成本，每年可为企业降低综合物流成本约5000万元。

点评 党的十八大以来，围绕扩大高水平对外开放和贸易强国的建设目标，中央和地方密集出台一系列支持跨境电商的各项政策，试图抓住这一新的外贸“风口”。如何点燃外贸发展这一“新引擎”，助力中国品牌出海，是摆在各地的一道难题，尤其是各地开始出现同质化竞争，只有进一步推动跨境电商“加速跑”，才能在外贸中占据先机。南沙抓住跨境电商商品既“出得去”又能“退得回”这一特点，较大幅度降低了物流成本，为其他地方提供了可复制、可借鉴的经验。

（三）培育外贸新业态，全力建设跨境电商示范省

广东全力建设跨境电商示范省，推动跨境电商成为广东外贸增长的新亮点。近年来，广东积极出台专项政策支持跨境电商，建设跨境电商综合试验区，加快发展“跨境电商+产业带”模式，完善物流配送、支付结算等配套服

务，同时，持续提升交通物流仓储配套服务水平，用好横琴、前海、南沙、河套等重大平台优惠政策，招引培育一批头部跨境电商企业。从业务规模看，广东全省跨境电商进出口总量从 2015 年的 113 亿元跃升至 2023 年的 8433 亿元，8 年扩大 75 倍，年均增长 71.4%，在全国占比超过 1/3，规模稳居全国第一，实现 21 个地市跨境电商综试区全覆盖，为广东贸易强省建设和高质量发展提供了重要支撑。同时，广东还积极开展离岸贸易方式试点，建立与之相适应的监管制度和服务体系。为扩大中小微企业提供便利的出口渠道，帮助其降低交易成本，扩大对外贸易，广州南沙出台《南沙自由贸易试验片区关于促进离岸贸易高质量发展若干措施》，从贸易、金融、招商、财税、公共服务等多个环节形成“政策组合拳”，强力支持企业开展离岸贸易，营造便捷高效的营商环境，进一步提升南沙在离岸贸易领域的国际竞争力。

三、以外贸体制改革推动外贸质升量增结构优

广东作为中国外贸的重要前沿阵地，肩负着引领外贸创新发展的重任。在过去的发展历程中，通过不断探索与实践，在外贸体制改革方面取得了显著成效。然而，面对新的挑战与机遇，广东必须进一步全面深化外贸体制改革，以创新举措推动外贸高质量发展，为中国经济的持续稳定增长贡献力量。

（一）完善贸易强省建设政策支持体系，强化贸易政策和财税、金融、产业政策协同

在完善贸易强省建设政策支持体系方面，一是优化贸易便利化政策。以进一步深化“放管服”改革，提升国际贸易“单一窗口”的功能，实现海关、检验检疫、税务、外汇等部门的数据共享和业务协同，简化进出口贸易的审批流程，提高通关效率。二是加强知识产权保

护政策。加大对知识产权侵权行为的打击力度，完善知识产权保护法律法规，建立健全知识产权快速维权机制。三是制定鼓励创新的贸易政策。支持企业开展技术创新和商业模式创新，特别是鼓励企业加大研发投入，提高产品的技术含量和附加值，推动广东贸易向高端化、智能化方向发展。

在强化政策协同方面，一是推进贸易政策与财税政策协同。根据广东贸易发展的重点领域和方向，政府可以设立专项产业引导基金，用于支持其技术改造和设备更新，推动广东贸易产业的升级换代。二是推进贸易政策与金融政策协同。鼓励金融机构创新金融产品和服务，为贸易企业提供多元化的融资渠道，提高贸易融资信用保险的覆盖范围，降低企业的贸易风险，增强金融机构对贸易企业的信贷支持意愿。三是推进贸易政策与产业政策协同。鼓励企业加大对高端制造业、现代服务业等领域的投资和发展，提高产业的配套能力和协同创新能力，为广东贸易的可持续发展提供坚实的产业支撑。

（二）加快内外贸一体化改革，深入实施“粤贸全球”“粤贸全国”计划

在双循环新发展格局下，广东作为中国对外贸易的重要窗口，要加快促进内外贸一体化改革，深入实施“粤贸全球”“粤贸全国”计划，不断打通内外销渠道，让广东企业更好地利用国内国际两个市场，助力内外贸持续高质量发展。

在内外贸一体化改革方面，一是加强政策引导与制度创新。加快打破内外贸之间的体制机制障碍，统一内外贸在市场准入、监管标准、税收政策等方面的制度，为企业创造公平竞争的市场环境。二是建立内外贸一体化的监管体系。加强内外贸管理部门间的协同合作，实现信息共享和联合执法，提高监管效率，努力降低企业内外贸一体化经营的制度性成本。三是推动传统市场的转型升级，完善广东的商贸市场体系，打造线上线下融合的现代商品交易平台，建设一批具有国际影响力的商品交易中心

和批发市场，提升市场的辐射力和影响力。

在深入实施“粤贸全球”“粤贸全国”方面，一是拓展国际市场渠道。积极组织企业参加国际知名展会。加大对企业参加境外展会的扶持力度，加强与国际展览机构的合作，吸引全球采购商和贸易商聚焦广东。二是建设境外贸易促进平台。在重点贸易伙伴国家和地区设立广东商品展示中心、海外仓等贸易促进平台，为企业提供产品展示、仓储物流、市场推广等一站式服务。三是畅通内销产品的流通销售渠道。设立一站式产品标准认证服务平台，推动内外销产品标准互认，清理和废除一些不合理的地方保护主义政策和市场准入壁垒，简化外销产品进入国内市场的准入程序，确保各地市场对所有符合国家标准的外贸转内销产品一视同仁。

（三）创新发展服务贸易、数字贸易，推动传统贸易转型升级

党的二十大报告强调，要创新服务贸易发展机制，发展数字贸易，加快建设贸易强国。

随着数字经济的持续发展，服务贸易将进一步拓展其边界，跨境电子商务、数字支付等新兴服务形式将更加活跃，服务贸易和数字贸易在全球经济中的作用也将进一步凸显。面对服务贸易发展的新趋势，广东要积极创新发展服务贸易，加强数字服务贸易发展，提升高端服务贸易发展水平，推动服务贸易多元化发展。

在服务贸易创新方面，一是加大对高端服务贸易的投入力度。设立高端服务贸易发展专项资金，加大对高端服务贸易企业的政策扶持力度，鼓励企业开展高端服务贸易创新活动。二是推动高端服务贸易集聚区建设。建设一批金融服务、研发设计、知识产权服务等领域的专业化高端服务贸易集聚区，在职业发展、人才激励、生活保障等方面建立和创新人才服务机制，吸引高端服务贸易企业和人才集聚，提升高端服务贸易的发展水平。三是加强高端服务贸易人才培养。加大对高端服务贸易人才的培养力度，建立高端服务贸易人才培养体系。通过高校、职业院校、企业等多种渠道，培养一批具有国际视野、专业技能和创新能力的高端服务贸易人才。

在发展数字贸易方面，一是加强数字基础设施建设。要加大对数字基础设施的投入，加快5G网络、数据中心、工业互联网等建设，提高网络带宽的稳定性，为贸易数字化提供坚实的技术基础。二是大力发展跨境电商等数字贸易模式。进一步完善跨境电商政策支持体系，建立适应跨境电商发展的人才培养体系，优化跨境电商综合试验区的建设，培育一批跨境电商龙头企业和产业园区。三是推动数字技术与传统贸易的相互融合。鼓励企业利用大数据、人工智能、区块链等技术创新商业模式和营销方式，针对电商平台上的传统贸易企业，根据其销售的商品类别和交易方式，合理确定增值税、消费税等税种的征收标准，避免重复征税。

（四）健全离岸贸易支持政策，发展离岸转手买卖、全球采购等新型国际贸易

广东作为中国经济的重要引擎和对外开放

的前沿阵地，在新型国际贸易发展方面具有得天独厚的优势。面对新型国际贸易发展的新趋势，广东要在离岸贸易、离岸转手买卖、全球采购等新型国际贸易方面积极谋划，精心部署。

在健全离岸贸易支持政策方面，一是加强政策引导。制定出台离岸贸易发展中长期规划和政策保障措施，加强对离岸贸易的政策引导，同时，对离岸贸易企业的研发投入、技术创新等给予政策支持，鼓励企业开展离岸贸易业务创新。二是优化离岸贸易环境。通关、税务、外汇管理等部门须加强协调配合，同时，建立健全离岸贸易企业信用评价体系，加强对离岸贸易企业的信用监管。三是加强人才引进。制定出台离岸贸易人才引进政策，吸引国内外优秀的离岸贸易人才来广东发展。同时，为离岸贸易人才提供良好的工作环境和生活条件，留住人才，为广东离岸贸易的发展提供人才保障。

在促进全球采购等新型国际贸易发展方面，一是支持企业拓展国际市场。积极推动与“一带一路”沿线国家签订和完善双边或多边新型国际贸易协定，建立“一带一路”新型国际贸易信息平台和沿线跨境电商示范园区，助力企业拓展新型国际贸易的市场空间。同时，加强与欧美等发达国家的贸易合作，提高广东新型国际贸易的发展水平和质量。二是提高贸易金融服务水平。建立跨境金融监管协调机制，鼓励金融机构开展跨境金融服务创新，为全球采购等新型国际贸易提供更加便捷、高效的金融服务。三是加强贸易信息服务。建立健全贸易信息服务平台，为新型国际贸易企业提供及时、准确的贸易信息服务。同时，加强与国内外贸易机构、企业的信息交流与合作，拓展贸易信息渠道。

（五）打造便捷高效的口岸群，建设国际物流枢纽中心和大宗商品资源配置枢纽

广东拥有得天独厚的贸易地理条件和强大的经济实力，加强跨境物流枢纽、大宗商品交易基础设施以及港口群建设，对广东打造国际物流枢纽中心、大宗商品资源配置枢纽以及便

捷高效的口岸群具有战略意义。

在打造便捷高效的口岸群方面，一是推进口岸整合。对功能相近、地理位置相邻的口岸进行整合，优化口岸资源配置，提高口岸的管理效率和运营效益。二是加强口岸与腹地的联系。完善口岸与内陆地区的交通网络，加强口岸与产业园区、物流园区的对接，提高口岸的辐射带动作用。三是提高口岸服务质量。进一步完善口岸的基础设施和配套服务设施，为企业提供高效、便捷的通关环境；加强对口岸工作人员的培训和管理，增强服务意识、提高业务水平，优化口岸服务评价机制，不断改进口岸服务质量。

在建设国际物流枢纽中心和大宗商品资源配置枢纽方面，一是加强交通基础设施建设。进一步完善高速公路、铁路、国际航空网等交通网络，推动公路、铁路、航空、水运等多种运输方式的无缝衔接，实现货物的快速转运，建设一批多式联运物流园区和统一的物流信息平台，提供一站式、全流程的物流信息服务。

二是增强大宗商品交易平台服务功能。进一步提升交易平台的技术水平和服务质量，扩大交易品种和规模，建立健全交易规则和监管制度，积极探索期货与现货相结合、线上与线下相结合的交易模式，提高大宗商品交易的效率和灵活性。三是扩大大宗商品交易平台的价格影响力。建立国际大宗商品价格监测体系，加强对大宗商品价格的监测和分析，及时掌握价格动态，发布大宗商品价格指数，提高广东在大宗商品价格领域的话语权。

第三章　深化外商投资和对外投资管理体制改革

在当今全球经济一体化的时代背景下，投资作为经济发展的重要驱动力，对于各国的繁荣与进步起着至关重要的作用。习近平总书记指出："无论国际形势如何变化，中国打造市场化、法治化、国际化营商环境的决心不会变，一视同仁为外商投资提供优质服务的政策不会变。"① 这一重要论断为我国进一步深化外商投资和对外投资管理体制改革指明了方向。随着经济全球化的深入发展，国际投资格局不断演变。一方面，外商投资对于促进国内经济增长、

① 《同心协力　共迎挑战　谱写亚太合作新篇章》，《人民日报》2023 年 11 月 18 日。

推动技术进步、增加就业机会等具有重要意义。另一方面，对外投资则是我国企业积极参与全球资源配置、拓展国际市场、提升国际竞争力的重要途径。在新的历史时期，深化外商投资和对外投资管理体制改革，成为我国实现经济高质量发展、构建开放型经济新体制的关键环节。

广东作为我国改革开放的前沿阵地，在吸引外商投资和推动对外投资方面一直发挥着重要的引领作用。多年来，广东凭借其优越的地理位置、雄厚的经济基础、完善的产业体系和开放包容的营商环境，吸引了大量的外商投资，成为全球跨国公司投资的热门地区之一。同时，广东的企业也积极“走出去”，在全球范围内开展对外投资，拓展国际市场，实现了资源的优化配置和产业的转型升级。然而，也要清醒地认识到，当前外商投资和对外投资管理体制仍存在一些不足之处。在吸引外商投资方面，尽管政策环境不断优化，但仍存在一些政策落地难、审批流程烦琐、市场准入限制等问题，影响了外商投资的积极性和便利性。在对外投资方面，企业面临着国际市场风险、法律政策障碍、融资困难等挑战，需要进一步完善对外投资管理体制，为企业“走出去”提供更好的支持和保障。

一、投资管理体制改革是打造国际一流营商环境的关键

党的二十届三中全会通过的《决定》明确将“深化外商投资和对外投资管理体制改革”作为完善高水平对外开放体制机制的重要内容进行全面部署。从营造市场化、法治化、国际化一流营商环境，到落实全面取消制造业领域外资准入限制措施，到保障外资企业在要素获取、资质许可、标准制定、政府采购等方面的国民待遇，到完善境外人员入境居住、医疗、支付等生活便利制度，再到健全对外投资管理服务体系，这些部署为我国推进投资领域高水平开放提供了明确的行动指南。然而，深化外

商投资和对外投资管理体制改革是一项改革系统工程，深刻理解深化外商投资和对外投资管理体制改革的科学内涵，需要从以下几个方面着手。

第一，营造市场化、法治化、国际化一流营商环境，依法保护外商投资权益。随着全球经济竞争的日益激烈，外资企业在选择投资地点时，越来越注重营商环境的优劣。一个国际一流的营商环境能够为外资企业提供稳定、透明、可预期的发展条件。在经济方面，广东拥有强大的制造业基础和完善的产业链，若能进一步优化营商环境，将吸引更多外资投入高端制造业、科技创新等领域，推动产业升级和经济结构调整。当前，各个国家和地区都在积极吸引外资，提升自身的竞争力，而良好的营商环境是吸引外资的核心竞争力。广东只有大力营造市场化、法治化、国际化的一流营商环境，全面保障外资企业国民待遇，不断增强外资企业获得感，才能吸引更多的跨国公司和高端产业项目前来落户。

第二，扩大鼓励外商投资产业目录，合理缩减外资准入负面清单，推动电信、互联网、教育、文化、医疗等领域有序扩大开放。扩大鼓励外商投资产业目录和缩减外资准入负面清单，是落实中央关于高水平对外开放的重要举措。这不仅符合国家发展战略，也服务于广东构建开放型经济新体制的目标。随着全球政治经济环境的变化，产业链供应链加速重构，中国作为全球重要的制造业中心，特别是广东作为改革开放的前沿阵地，需积极应对这一趋势。扩大鼓励外商投资产业目录，能够吸引更多外资进入高技术、高附加值的行业，助力广东乃至全国的产业链向高端跃升。同时，缩减外资准入负面清单，意味着要在更多领域对外资开放，表明广东乃至中国持续深化改革、扩大开放的决心。此举有利于改善广东的营商环境，提升国际竞争力，吸引更多优质外资企业入驻，形成产业发展的良性循环。

第三，深化外商投资促进体制机制改革，保障外资企业在要素获取、资质许可、标准制定、政府采购等方面的国民待遇，支持参与产业链上下游配套协作。积极吸引和利用外商直接投资，是我国改革开放的重大举措，是建设更高水平开放型经济新体制的重要内容。面对复杂严峻的引资环境，落实好外资企业国民待遇，对增强跨国公司对华投资决策决心和信心至关重要。然而，当前外商直接投资所面临的问题和困境不容忽视。一方面，在要素获取方面，外资企业在一些特定领域仍然面临着与本土企业不平等的待遇。例如，在土地、劳动力、资金等要素的获取上，可能存在着审批流程复杂、成本较高等问题，这不仅增加了外资企业的运营成本，也降低了其在市场中的竞争力。另一方面，在资质许可和标准制定方面，外资企业可能会因为不熟悉国内的法规和标准，而在申请资质许可时遇到困难。同时，一些国内标准可能对外资企业存在一定的限制，使得它们在诸如政府采购等市场竞争中处于不利地位。为此，《决定》聚焦投资促进体制机制，针对外资企业集中反映的诉求，明确提出“保障外资企业在要素获取、资质许可、标准制定、政府采购等方面的国民待遇，支持参与产业链上下游配套协作”，有助于改善外资企业对资源配置、技术投入、产业链合作、市场增长等重要决策与运营过程中的可预期性，切实为外资企业带来市场机遇，提升其实际获得感，为外资企业在华投资经营提供“定心丸”。

第四，完善境外人员入境居住、医疗、支付等生活便利制度。外籍人才是参与我国现代化建设的宝贵人力资源，是外资企业在华投资决策与运营的重要力量。近期我国密集出台一系列提高出入境便利化和吸引外籍人才的务实举措，包括简化签证手续、扩大免签国范围、优化支付安排，为外籍高管、技术人员及家属提供来华工作生活便利等，2023 年将外籍个人津补贴免税政策由原本延续两年变为四年。以上举措有助于提升我国对境外人才就业和旅行的吸引力，获得跨国公司的高度评价。《决定》进一步提出，“完善境外人员入境居住、医疗、支付等生活便利制度”。下一步将采取更大力度举措、加大优化管理的体制机制创新，为境外人员营建更加舒适便利的在华工作与生活环境。

第五，完善促进和保障对外投资体制机制，健全对外投资管理服务体系，推动产业链供应链国际合作。在全球经济一体化的深度推进与逆全球化趋势并存的复杂背景下，产业链供应链正经历深刻变革。中国作为全球最大的制造业基地之一，尤其是广东作为对外投资的前沿，面临着转型升级、高质量发展的迫切需求。完善促进和保障对外投资的体制机制，一方面，能有效引导中国企业“走出去”，深度参与全球产业链重塑，利用国际资源和市场，加速产业链供应链的国际合作与优化；另一方面，广东企业可以更精准地在全球范围内配置资源，获取先进技术、品牌和市场，这不仅有助于提升产业链的国际分工地位，还能增强供应链的韧性和安全性，为广东乃至全国的产业安全提供有力保障。特别是在关键技术和原材料领域，通过对外投资获取或合作，可有效缓解依赖瓶颈，提升产业链自主可控能力。

二、广东推动吸引外资与对外投资高质量发展

在全球经济一体化的大背景下，广东作为中国经济的重要引擎和对外开放的前沿阵地，积极深化外商投资和对外投资管理体制改革，不断推进吸引外资与对外投资协调发展，为推动经济高质量发展和提升国际竞争力发挥了重要作用。

（一）全面落实外资准入负面清单，创新外商投资管理模式

广东全面落实外资准入负面清单，不断删减各领域限制措施，持续完善监督监管体系，强化事中事后监管，创新外商投资管理新模式。一是全面落实外资准入负面清单。近年来，广东全面实施外商投资准入负面清单管理模式，进一步放宽市场准入。负面清单之外的领域，外商投资企业享受国民待遇。例如，在金融领

域，取消了外资银行、证券公司、基金管理公司等外资股比限制，吸引了众多国际金融机构在广东设立分支机构。二是推进备案制改革。广东持续简化外商投资企业设立程序，实行备案制管理。企业只需在网上提交相关信息，即可完成备案手续，大幅缩短了企业设立时间。例如，深圳实行外商投资企业设立备案制后，企业设立时间从原来的几个月缩短至几天。三是深化事中事后监管。广东不断加强对外商投资企业的事中事后监管，建立健全监管体系，通过信息共享、联合执法等方式，加强对企业的监督管理，确保企业依法合规经营。例如，佛山建立了外商投资企业信用监管平台，对企业的信用情况进行动态监测，对失信企业进行联合惩戒。

（二）完善鼓励外商投资政策措施，优化外商投资环境

广东不断完善鼓励外商投资政策措施，多方面保护外商合法权益，加大对不法行为的打

击力度，加快促进国际人员商务往来便利，打造一流外商投资环境。一是完善外商投资促进体系。广东出台了一系列鼓励外商投资的政策措施，如《广东省进一步扩大对外开放积极利用外资若干政策措施》（简称“外资十条”），从市场准入、财政奖励、用地保障、研发创新、金融支持等方面为外商投资提供有力支持。例如，对符合条件的新设立外商投资企业给予一次性奖励，鼓励外资投向先进制造业、现代服务业等领域。二是加强知识产权保护。为加大涉外知识产权行政保护力度，广东建立了知识产权快速维权机制，加大对侵权行为的打击力度。三是促进国际商务人员往来便利。近年来，广东不断优化签证政策，大力实施中外人员往来“快捷通道”，不断优化外籍人员服务保障。这些举措不仅提升了国际商务人员往来的便利度，也进一步优化了广东的营商环境，吸引了更多外资和国际人才。2023 年 12 月，广州出台了《广州市优化外商投资环境加大吸引外商投资力度若干措施》，文件明确提出了“对来穗外籍高层次人才、外籍高级管理人员、创新创业团队的外籍成员、外籍技术人才以及来穗从事必要经贸活动人员，为其本人和家属提供签证申请、入出境、停居留等便利”。2024 年 5 月，广东省出台了《广东省进一步加大吸引和利用外商投资力度的专项实施方案》，对在广东省注册落地且新增投资达到一定金额的外资企业实施专项支持，特别是对制造业招商引资加大支持力度。

（三）健全对外投资合作平台，深化对外投资管理体制改革

广东不断深化对外投资管理体制改革，持续优化对外投资审批程序，加大对外投资的业务指导和服务保障力度，打造良好的对外投资合作平台。一是简化对外投资审批程序。当前，广东对企业对外投资实行备案制管理，减少审批环节，提高审批效率。企业只需在网上提交相关信息，即可完成备案手续。例如，珠海的一家企业在对外投资项目备案过程中，从提交

申请到完成备案仅用了几天时间，大幅缩短了项目筹备时间。同时，为下放审批权限，广东将部分对外投资审批权限下放至地级市商务部门，方便企业办理审批手续。例如，东莞将部分对外投资项目审批权限下放至各镇街商务部门，企业可以就近办理审批手续，提高了办事效率。二是加强对外投资服务与指导。近年来，广东不断建立健全对外投资信息服务平台，为企业提供境外投资环境、政策法规、项目信息等服务。例如，广东省商务厅的“走出去”公共服务平台，为企业提供了丰富的境外投资信息，帮助企业更好地了解境外市场情况。在投资风险防范方面，广东注重为企业提供风险评估、预警等服务，帮助企业制定风险防范措施，降低投资风险。三是建设对外投资合作平台。境外经贸合作区是广东与“一带一路”沿线国家加强合作、实现共赢的有效载体，为广东参与“一带一路”建设提供了有力支撑。近年来，广东积极推动企业建设境外经贸合作区，大力加强对合作区的指导和服务工作。《中共广东省

委　广东省人民政府关于实施“五外联动”推进高水平对外开放的意见》指出，广东将通过有序开展对外投资合作、高质量建设境外经贸合作区，着力培育本土跨国公司，完善全球经贸网络，推动外经做优做强。

链接

首创海外高频原告风险预警机制
护航深圳创新主体参与国际竞争

2020 年，国家海外知识产权纠纷应对指导深圳分中心（以下简称“深圳分中心”）在深圳前海设立，构建起“五位一体”的海外高频原告风险预警机制，在指导支持企业应对海外知识产权维权方面取得积极成效。

具体而言，一是建立海外知识产权纠纷常态化监测机制，实时监测欧美日韩等热点地区和重点行业的案件动向，实现涉深企业海外知识产权纠纷“早监测”“早预警”“早响应”。二是多维度实施海外预警分析。聚焦互联网、机器人产业等战略性新兴产业，为深圳企业提供定制化海外专利、商标预警分析服务，分析海外高频原告知识产权布局及过往诉讼情况，通过“点对点”通知等多渠道发布预警。三是全力强化海外纠纷应对指导。依托市区两级联动机制、内外部专家协同机制、“背靠背”指导机制等海外纠纷应对指导机制，为涉案深圳企业提供“一对一”应对指导服务。四是常态化开展海外维权意识提升培训。持续组织举办海外知识产权保护等主题活动，提升企业海外知识产权保护意识和能力，指导中小微企业提升纠纷应对能力。五是汇聚国内外知识产权服务资源。通过建设海外法律信息库、海外维权专家库、海外典型案例库，为企业提供全方位、立体化的海外知识产权服务资源。

海外知识产权纠纷应对指导深圳分中心成立以来，截至2023年末，累计举办涉外知识产权专题讲座和知识产权论坛活动79场，为1419家深圳企业提供“一对一”纠纷应对指导，取得积极成效案件166件，为企业节省诉讼费用超 4800 万美元，减少市场损失超 21 亿美元。

点评　2024 年，TikTok 遭到美国 14 个州和地区联合起诉，为中国企业出海的法律安全敲响了警钟，可以说，任何一家对外投资企业都可能面临类似 TikTok 的遭遇。因此，深圳前海聚焦海外知识产权纠纷，通过构建海外高频原告风险预警机制，为深圳企业参与国际竞争提供了国际法律保障，也有效化解了粤企出海的法律担忧。

三、以投资管理体制改革推动投资扩增量稳存量提质量

广东省委十三届五次全会提出要深化“五外联动”全方位改革，推动外贸、外资、外包、外经、外智联动改革，外贸和外资是对外开放的主要内容，也是改革的重点领域。因此，广东要着力巩固外贸外资基本盘，持续打好“五外联动”组合拳，进一步深化外商投资和对外

投资管理体制改革，落实全面取消制造业领域外资准入限制，创新外商投资促进体制机制，完善促进和保障对外投资管理制度，加力推进一流营商环境建设，服务高水平对外开放和高质量发展。

（一）落实全面取消制造业领域外资准入限制，深化科技创新、银行保险、股权投资等领域投资准入改革

在全球经济一体化加速发展的背景下，各国之间的竞争日益激烈，特别是在制造业领域。中国作为世界制造业大国，面临着来自其他国家的竞争压力。全面取消制造业领域外资准入限制，是中国政府为进一步提升制造业竞争力、吸引外资的重要举措。广东要抓住这一机遇，不断放宽外资准入限制，进一步推动制造业转型升级，提升国际竞争力。

具体而言，一是深化科技创新领域投资准入改革。积极开展放宽科技创新领域外商投资准入试点，鼓励外资科技创新投资，进一步简

化科技创新领域投资的审批流程，减少不必要的行政干预，提高审批效率，通过建立“一站式”服务平台，为投资者提供便捷、高效的服务。二是深化银行保险领域投资准入改革。进一步放宽银行保险机构准入条件，吸引更多的外资银行保险机构进入广东；取消外资银行保险机构的股比限制，允许外资银行保险机构在广东设立独资或合资机构。推动外资银行业务创新，支持外资银行机构开展跨境金融业务、供应链金融业务、绿色金融业务等创新业务，为企业提供多元化的金融服务。三是深化股权投资领域投资准入改革。进一步取消外资股权投资机构的股比限制，允许外资股权投资机构在广东设立独资或合资机构，建立健全股权投资市场体系，加强股权投资市场监管，为外资股权投资机构提供良好的发展环境。

（二）完善支持外资参与产业链上下游配套协作的机制，依法保护外商投资权益

当前，跨国企业越来越注重在全球范围内

的资源配置和产业链整合。广东经济持续快速发展，但面临着产业结构升级、创新驱动发展等挑战。外资企业在技术、管理、市场等方面具有优势，通过完善支持外资参与产业链上下游配套协作的机制，可以促进广东产业结构的优化升级，推动经济高质量发展。

一是构建高效对接平台。利用大数据、云计算等技术，搭建产业链供需对接平台，实现产业链上各环节的精准匹配，提升外资企业与本地企业的合作效率。定期举办产业对接会、行业研讨会、专题论坛，邀请国内外企业、专家参与，促进产业链上下游的交流与合作。二是强化产业链集群效应。围绕重点产业、新兴产业和未来产业，制定产业链发展规划，明确未来一段时间内该产业的发展目标、技术路线和政策支持方向，着力建设特色产业园区，吸引外资企业入驻，培育产业集群，形成产业链聚集效应。三是保障外资企业在要素获取、资质许可、标准制定、政府采购等方面的国民待遇。在要素获取方面，制定明确的土地供应政策，对外资企业的用地需求给予合理安排，加强对外资企业的用工指导，帮助其解决用工难题，积极推动金融创新，为外资企业提供多元化的融资产品和渠道。在资质许可方面，应明确申请条件和审批流程，并向外资企业公开，不得对外资企业设置额外的障碍，同时，建立投诉举报机制，对外资企业反映的不公平待遇问题及时进行调查处理。

（三）创新外商投资促进体制机制，建立内外资统筹的投资促进工作体系和网络体系

广东凭借优越的地理位置、完善的产业配套和良好的营商环境，吸引了众多世界 500 强企业和跨国公司前来投资。随着广东产业转型升级的推进，外资逐渐向高端制造业、现代服务业、科技创新等领域倾斜。然而，广东外商投资也面临一些挑战，例如，投资促进网络体系不够完善，部分地区在投资促进工作中存在内外资分割的现象，缺乏统筹协调，信息共享和资源整合不足等。因此，创新外商投资促进

体制机制，建立内外资统筹的投资促进工作体系和网络体系，是广东在新时代实现更高质量发展的必然要求。

一是强化政策统筹。在市场准入、土地供应、税收优惠、财政支持等方面，建立公平、公正、透明的投资政策体系，注重对外资和内资一视同仁，对于符合产业发展方向的内外资项目，给予外资同等的政策支持，鼓励内外资企业在广东共同发展。二是加强部门协同。建立跨部门的投资促进协调机制，整合商务、发改、工信、科技、财政等部门的资源和力量，明确各部门在投资促进工作中的职责和分工，加强部门之间的沟通与协作。三是建立内外资统筹的投资促进网络体系。加强与世界各国和地区的投资，促进机构、商会、协会等的合作，拓展全球招商网络，建立省市县三级联动的招商网络，加强省内各地区之间的信息共享和资源整合，建立全省投资促进信息平台，实现项目信息、政策信息、资源信息的共享。

（四）完善促进和保障对外投资管理制度，健全对外投资管理服务机制

近年来，广东对外投资呈现出快速增长的态势，在政府的积极推动下，广东逐步建立了相对完善的对外投资服务体系。然而，广东对外投资服务体系也存在一些不足之处。例如，对外投资管理制度还不够完善，审批流程相对烦琐，影响了企业对外投资的效率；风险防范机制不够健全，企业在对外投资过程中面临的政治、经济、法律等风险较大；服务机制不够灵活，难以满足企业多样化的需求。因此，完善促进和保障对外投资管理制度，健全对外投资管理服务机制，对于创造对外投资的良好环境，助力广东企业在经济全球化的浪潮中实现更大的发展具有重要意义。

一是进一步简化对外投资审批程序，减少审批环节，提高审批效率。建立网上审批平台，实现企业对外投资审批的在线办理，同时，加强部门间的协调配合，实现信息共享，避免重

复审批。二是完善政策支持体系。进一步完善对外投资政策支持体系，加大财政、税收、金融等方面的支持力度。落实对外投资税收优惠政策，减轻企业对外投资的税收负担，对重点对外投资项目给予资金支持。三是积极推动对外投资合作交流。简化企业对外投资合作的审批程序，支持企业参与“一带一路”沿线国家和地区的投资项目合作，组织企业参加国际投资合作洽谈会、展会等活动，为企业对外投资搭建合作平台。同时，鼓励企业通过并购、合资等方式开展对外投资，实现优势互补、共同发展。四是建立健全对外投资风险防范机制，为企业对外投资提供风险预警和防范服务。加强对国际政治、经济、法律等风险的研究和分析，建立企业海外投资风险预警信息体系，及时发布风险预警信息，指导企业做好风险防范工作。

（五）加大引进外智力度，大力吸引外资研发机构和高精尖紧缺人才

在全球科技竞争日益激烈的背景下，创新

已成为推动经济发展的核心动力。尽管广东在经济总量和发展水平上处于全国前列，但在新兴产业和高科技领域，高端研发机构和人才等资源的短缺制约了广东的产业创新能力和产业竞争力。加大引进外智力度，则是有效弥补这一短板的重要举措。

一是大力引进外资研发机构。通过设立专项基金、提供研发补贴、风险补偿等方式，鼓励外资研发机构与国内及广东知名高校、科研机构、企业等建立合作关系，共同承担跨国科技项目，分享国际科技资源；建立健全外资研发机构参与科技计划项目的机制，明确外资研发机构申报国家、省科技计划项目的资格条件、流程和标准，确保其与国内机构享有同等的申报机会。二是大力引进高精尖人才。应明确外籍高精尖人才的认定标准和范围，建立健全外籍高精尖人才的认定机制和流程，通过举办国际人才交流会、海外招聘活动等，加大对外籍高精尖人才的引进力度。三是深入实施重大人才工程。设立专门针对高端人才的引进计划，提供具有国际竞争力的薪酬待遇、科研启动资金和生活配套设施。对于国际顶尖的科学家、工程师等人才，可效仿国外先进地区，提供特殊的签证政策、税收优惠等。

第四章　优化区域开放布局

推进高水平对外开放，不仅要进一步扩大对外开放，还要在优化区域开放布局上下功夫。习近平总书记强调，要“坚持对内开放和对外开放相结合，培育开放型经济主体，营造开放型经济环境，以更高水平开放促进更高质量发展”①。对内开放与对外开放是紧密相连、不可分割的有机整体，妥善协调两者之间的关系，是践行新发展理念、构建现代化经济体系的关键环节。鉴于广东各区域开放水平的差异性，要完善高水平对外开放体制机制，就必须优化

① 《决胜全面建成小康社会决战脱贫攻坚　继续建设经济繁荣民族团结环境优美人民富裕的美丽新宁夏》，《宁夏画报》2020 年第 6 期。

区域开放布局、强化省际合作机制、深化内部经济联系，以不断增强经济体系的广度和深度。

一、以打造多样态开放高地优化区域开放布局

2020 年 5 月，习近平总书记在看望参加全国政协十三届三次会议的经济界委员时指出，“面向未来，我们要把满足国内需求作为发展的出发点和落脚点，加快构建完整的内需体系”，“逐步形成以国内大循环为主体、国内国际双循环相互促进的新发展格局，培育新形势下我国参与国际合作和竞争新优势”。[①] 这一重要论断切实加速了我国区域开放布局的步伐，对内开放的核心在于对内放开，这是基于制度开放体系下的最优开放选择，既优化经济效能，又增进国民福祉，实为激活经济活力的关键举措。

① 习近平：《论把握新发展阶段、贯彻新发展理念、构建新发展格局》，中央文献出版社 2021 年版，第 352、353 页。

党的二十大报告从全面建设社会主义现代化国家、全面推进中华民族伟大复兴的战略全局出发，明确提出要推进高水平对外开放，优化区域开放布局，巩固东部沿海地区开放先导地位，提高中西部和东北地区开放水平的战略部署。党的二十届三中全会通过的《决定》进一步强调，要优化区域开放布局，并从全国层面进行了具体的战略部署，为谱写区域开放发展新篇章、加快构建新发展格局、推动高质量发展，指明了前进方向、提供了基本遵循。

改革开放四十余载，中国对外开放步伐稳健，自“经济特区”至“沿海开放城市”，再拓展至“沿海经济开放区”，最终深入“内地”，层层递进，环环相扣，逐步深入。党的十八大以来，区域开放布局持续优化，促成陆海统筹、东西互动的发展新阶段，全面开放新格局正加速构建成形。与此同时，区域开放布局仍面临诸多堵点与痛点，区域间对外开放程度参差不齐，中西部地区的开放潜力尚待充分挖掘，区域开放高地的引领作用有待增强，区域协同开放步伐亟须加快。为此，需进一步优化区域开放功能布局，构建多元开放的高地格局，以充分发挥开放对区域经济发展的强劲推动力。

优化区域开放布局从全国层面来讲，要引导省级行政单位主动融入区域开放大格局，在找准自己的功能定位基础上，优化要素资源配置和开放功能分工，培育新的开放发展势能，为构建新发展格局提供各具特色的有力支撑。要立足各地产业结构、资源禀赋、创新能力等方面的基础条件，加强顶层设计和统筹协调，推动要素资源的有效流动和配置，形成协调发展、优势互补、错位竞争、协作推进的生动局面。

第一，巩固东部沿海地区开放先导地位，提高中西部和东北地区开放水平，加快形成陆海内外联动、东西双向互济的全面开放格局。

东、中、西、东北四大区域板块是我国国土空间治理的基本架构和功能组团，也是区域开放布局的基础板块。东部地区要依托先发优势和良好基础，巩固开放先导地位、率先推动全方位高水平开放，在制度型开放、服务贸易创新发展等方面大胆探索、先行先试，在推动自身高质量发展的同时带动周边区域发展；中部地区要发挥连南接北、承东启西的地缘优势，加快城市群和经济圈建设，打造内陆开放型经济发展高地，促进资源要素的双向流动与优化配置；西部地区要补短板、扬优势，在推动共建“一带一路”高质量发展中发挥更大作用，构筑向西开放重要支点，将开放末梢打造为开放前沿；东北地区要以新担当、新突破、新作为推动全面振兴，加强地区内协调联动，加大与深远腹地开放合作力度，提升面向东北亚国际合作水平，打造高水平开放合作平台。

第二，发挥沿海、沿边、沿江和交通干线等优势，优化区域开放功能分工，打造形态多样的开放高地。

海、边、江和交通干线是开放元素的集聚地，也是串联各区域板块的纽带。促进四大区域板块协同开放，必须增强各种开放形态的相互支撑作用。沿海开放要在稳定我国开放型经济基本盘上继续发挥关键作用，同时通过对口合作等方式，进一步提升对沿江、沿边、内陆开放的辐射带动作用；沿边开放要用好“边”的通道优势，发挥好链接双循环的窗口作用，背靠国内大市场吸引集聚优质要素资源，在改善基础设施、夯实产业基础、做优边境贸易、增强城市服务功能等方面下功夫，为沿海开放提供有益补充，实现兴边富民、稳边固边和民族团结；沿江开放要用好大江大河串联沿边、内陆和沿海地区的独特优势，构建高水平交通运输体系，增强沿线各地产业发展的联动性，打造有机衔接国际国内产业链、供应链的重要走廊。内陆开放要坚持对内对外双向开放，积极融入共建“一带一路”和区域协调发展战略、区域重大战略，立足区位特点强化与沿海、沿江、沿边地区互惠合作，围绕“公铁空网”畅通开放通道、搭建开放平台、创新开放机制，发展具有竞争力的产业，持续增添内陆地区高质量发展动能。

第三，实施自由贸易试验区提升战略，鼓

励首创性、集成式探索，加快建设海南自由贸易港。

截至 2024 年 10 月，中国陆续建成 22 个自贸试验区和 1 个自由贸易港，有 57 个自贸片区，形成了覆盖东西南北中，统筹沿海、内陆、沿边的改革开放创新格局，先后出台 29 份自贸试验区建设方案及一批含金量较高的政策文件，累计部署 3500 多项改革试点任务，在国家层面累计推广 349 项制度创新成果，地方自主推广 3200 余项制度创新成果，以不到千分之四的国土面积贡献了占中国约五分之一的外商投资和进出口总额。2024 年 8 月 29 日，中央深改委第六次会议审议通过的《关于实施自由贸易试验区提升战略的意见》指出："实施自由贸易试验区提升战略，目的是在更广领域、更深层次开展探索，实现自由贸易试验区制度型开放水平、系统性改革成效、开放型经济质量全面提升。"

一方面，各自贸试验区、自由贸易港要避免各自为政，要在全国范围内形成一个紧密联系的有机网络，并与国家区域协调发展战略等衔接起来，共同构建新发展格局。各自贸试验区、自由贸易港是在以习近平同志为核心的党中央制定推进改革开放的重要战略举措中建立发展起来的，要始终从国家建立各自贸试验区、自由贸易港的初心出发，以制度创新为重点，有效发挥改革开放综合试验平台作用。

另一方面，各自贸试验区、自由贸易港要坚持走差异化、特色化的路子，推动新产业、新业态、新模式加快发展，逐步成为中国高质量发展的示范者和引领者。如上海、江苏、浙江、安徽成立长三角自贸试验区联盟，加强数字贸易、航运物流、产业协同等领域合作发展；北京、天津、河北自贸试验区建立京津冀自贸试验区联席会议机制，在贸易便利、产业对接、要素流动等领域深化协同合作；山东、河南、陕西、四川自贸试验区联合其他 5 省区，建立黄河流域自贸试验区联盟，带动全流域协同创新、共同发展；广东自由贸易试验区要建成高水平对外开放引领区，打造高标准国际贸易枢纽区，形成高能级现代化产业聚集区，建设粤港澳高度协同发展示范区。各自贸试验区、自由贸易港在发挥自身特色的基础上，加强合作、优势互补，打通堵点卡点，放大改革综合效应，要做好新时代推进更高水平改革开放的“试验田”，加强集成化改革、首创性创新、差别化探索，在外资准入、服务贸易等重点领域加快探索可复制可推广的成功经验，有力增强国内大循环内生动力，推动国内国际双循环相互促进。

第四，深化粤港澳大湾区合作，强化规则衔接、机制对接，发挥“一国两制”制度优势，巩固提升香港国际金融、航运、贸易中心地位，支持香港、澳门打造国际高端人才集聚高地，健全香港、澳门在国家对外开放中更好发挥作用的机制。

在优化区域开放布局中，粤港澳大湾区具有特殊重要的意义。粤港澳大湾区是我国开放程度最高、经济活力最强的区域之一，是世界级的大湾区，在全国新发展格局中具有重要的战略地位。深化粤港澳大湾区合作的首要原则是发挥“一国两制”制度优势，进而发挥出香港、澳门优势和特点，巩固提升香港、澳门在国际金融、贸易、航运航空、创新科技、文化旅游等领域的地位，深化香港、澳门同各国各地区更加开放、更加密切的交往合作。同时，要做好做实粤港澳大湾区“一点两地”的全新定位，要充分发挥香港、澳门在国家对外开放中的巨大作用，做好国际人才的引流工作，特别是要把欧美的科技人才引进来，助力国家科技自立自强。

第五，完善促进两岸经济文化交流合作制度和政策，深化两岸融合发展。

首先，要坚持“两岸一家亲”，铸牢中华民族共同体意识。两岸融合发展，必须坚持两岸同胞共同参与、共同建设、共同享有。具体而言，就是要为台湾同胞特别是台湾青年来大陆学习生活、就业创业提供便利，推动其在交流交往交融中铸牢中华民族共同体意识、守护中华民族共同家园，促进两岸同胞心灵契合。其次，要深化各领域融合，共享中国式现代化发展机遇。推动两岸融合发展，一方面要挖掘两岸在人工智能、生物医药等新兴领域的巨大合作空间，推动两岸文化教育、医疗卫生合作，实现两岸邻近或条件相当地区基本公共服务均等化、普惠化、便捷化，打造两岸共同市场和共同家园；另一方面，可从战略规划角度出发，促进台商台企台胞参与“一带一路”建设，并在西部大开发、乡村全面振兴等国家战略中找准地位、发挥作用，主动融入国家新发展格局，强化与大陆经济社会的深度互嵌。再次，要坚持应通尽通，推动两岸交流交往交融。大陆要坚持两岸交流交往、应通尽通，两岸要不断提升经贸合作畅通、基础设施联通、能源资源互通、行业标准共通。最后，要坚持示范先行，探索两岸融合发展新路。福建与台湾地缘相近、人缘相亲、文缘相承，在两岸融合发展中有独特优势，要支持福建探索海峡两岸融合发展新路，建设两岸融合发展示范区。

二、广东持续优化区域开放功能分工

广东作为中国改革开放的桥头堡，始终扮演着中国经济社会变革“先行先试”的引领者与探索者的角色。在复杂多变的国际局势下，高水平对外开放与深层次改革的协同效应越发明朗，发挥区域协同效应也日益重要。作为改革的先行地与实验区，广东要加速推进全面改革，优化对外对内开放体系，不断优化区域开放布局，促进经济动力由外资与出口拉动向创新引领与内需驱动转变，努力打造国际经济合作与竞争新优势，为广东现代化进程持续注入新动力。

（一）以制度机制改革健全区域开放体制

广东在构建开放型经济新体制方面，注重顶层设计与基层探索相结合，形成了一系列具有前瞻性和操作性的制度成果。一是完善外资准入制度。大幅放宽外资市场准入限制措施，特别是在服务业、制造业、农业等领域，取消或降低外资股比限制，为外资企业提供更加公平、透明、可预期的投资环境。同时，建立了外商投资企业投诉工作机制，及时有效解决外资企业在经营过程中遇到的问题，保障了外资企业的合法权益。二是以制度改革优化营商环境。持续深化“放管服”改革，简化行政审批流程，降低企业运营成本，打造国际化、法治化、便利化的营商环境。同时，通过数字化改革，广东实现政务服务事项的“一网通办”“最多跑一次”等便民利企措施，企业可以在线办理注册登记、税务登记、海关备案等手续，极大地提高了审批效率，降低了企业运营成本。三是深化国际合作机制。广东积极参与国际经贸规则制定，加强与世界贸易组织、亚太经合组织等国际组织的合作，推动形成更加公正合理的国际经贸秩序。同时，还要加强与国外友好城市的交流合作，推动文化、教育、旅游等领域的国际合作，增进人民友谊，拓展合作空间。此外，广东还加强与“一带一路”沿线国家和地区的各项合作，推动形成全方位、多层次、宽领域的对外开放格局。

（二）以内外区域合作优化开放布局

广东通过实施省委“1310”工作部署，不断优化区域开放布局，不仅注重内部区域的协同发展，还加强与周边省份及国际地区的合作，推动形成优势互补、全方位开放、高质量发展的区域协同发展新格局。

在内部区域协同方面，粤港澳大湾区持续打造新发展格局的战略支点，不断拓展软硬联通渠道，纵深推进协同融合发展，充分发挥高质量发展的动力源作用；粤东地区促进汕头、潮州、揭阳等地成为对外开放的桥头堡和主阵地，如汕头综保区将立足保税主业，发挥功能优势，主动融入“一带一路”、粤港澳大湾区、深圳先行示范区等，加快建设外向型经济的新高地；粤西地区强化茂湛阳城市群建设，不断推进粤西外向型经济发展，打造对外开放新平台，如湛江着力融入西部陆海新通道开放格局，通过畅通运输通道，强化枢纽功能，优化服务环境，深化开放合作，全力打造陆海贸易战略枢纽，加快推进形成“陆海内外联动、东西双向互济”对外开放格局；粤北地区充分发挥生态优势，深入推进绿美广东生态建设，积极融入粤港澳大湾区发展大局，集中资源做强一批承接产业有序转移主平台，更好承接国内外特别是珠三角地区产业有序转移，全力筑牢粤北生态屏障。

在外部区域合作方面，广东把握西部陆海新通道建设机遇，发挥对接东盟桥头堡作用，与海南相向而行协同推动琼州海峡高质量发展，强化粤港澳大湾区与京津冀、长三角、海南自贸港、成渝地区双城经济圈等区域重大战略对接联动，积极参与“一带一路”建设，加强与沿线国家和地区的经贸合作和文化交流。同时，广东还要加强与香港、澳门等地的合作，推动大湾区建设走深走实，共同打造世界级城市群和具有国际竞争力的湾区经济。

链接

广西通过西部陆海新通道建设打造出海出境大通道

广西西部陆海新通道的建设是中国西部地区重要的出海出境大通道，是构建开放型经济体系，参与国际经济合作，促进交通、物流与经济深度融合的重要载体。2019 年至 2022 年，广西财政累计统筹资金 980 多亿元支持通道建设，金融系统综合运用货币政策工具为通道建设提供资金支持近 6000 亿元，有效激发市场主体活力，具体做法如下：

一是坚持系统谋划，强化顶层设计和政策引领。先后印发《广西建设西部陆海新通道三年提升行动计划（2021—2023 年）》等系列工作方案，明确广西推进通道建设各项工作的时间表、路线图。出台《广西高质量建设西部陆海新通道若干政策措施》等系列政策文件，在资金、用地、人才等方面给予全方位、系统性支持。据统计，2019年至2023年，自治区财政累计统筹资金超1000亿元支持通道建设。

二是坚持深化改革，推动通道降本增效。深入实施降费优服提效专项行动，推动北部湾港综合收费与国内主要港口基本持平。不断完善多式联运“一口价”服务收费模式，已累计开通海铁联运“一口价”线路183条。建立西部陆海新通道集装箱下浮品名“负面清单”，班列覆盖品名达1.1万个，基本涵盖内外贸适箱货源，实际运输货物品名从最初50多种增至目前的1100余种，有效降低通道综合物流成本，加快提升贸易、物流畅通等便利化水平。

三是坚持联动发展，不断凝聚共建发展合力。大力推动跨区域、跨领域深度融合，引进新加坡国际港务集团、中远海运集团等国际大型港航企业参与北部湾港建设运营；会同重庆等沿线省份，共同成立陆海新通道跨区域综合运营平台，形成了“运营中心统筹、区域公司协同”的运营机制。

西部陆海新通道建设取得显著成效，基础

设施网络持续完善，运行质量效益大幅提升，综合服务功能不断增强，已成为带动西部地区开发开放的重要引擎。

点评 2023年12月，习近平总书记在广西考察时强调，“广西要持续扩大对内对外开放”“把广西打造成为粤港澳大湾区的重要战略腹地”，为广西的发展提供了根本遵循。广西西部陆海新通道建设成就显著，广东也要把握西部陆海新通道建设的新机遇，发挥对接东盟桥头堡作用，促进广东与广西优势互补，实现协同发展，共同构筑中国沿边的良好开放格局。

（三）以科技协作创新激发开放活力

广东注重发挥市场在资源配置中的决定性作用，同时加强政府引导和服务，积极融入全球科技创新网络，加强与国际顶尖科研机构、高校和企业的合作，形成了一系列具有广东特色的开放机制。一是通过设立大湾区国际科技创新中心，推动科技创新资源跨境流动和优化配置，促进科技成果在大湾区内的快速转化和应用。例如，粤港澳大湾区汇聚了华为、腾讯、大疆等一大批创新型企业，以及香港科技大学、中山大学等高等学府，形成了产学研深度融合的创新生态。二是积极参与国际科技合作项目，如与以色列、德国等国的国际科技合作，引进国外先进技术和管理经验，提升本土企业的国际竞争力。三是加强知识产权保护，建立健全与国际接轨的知识产权法律体系，加大执法力度，为创新型企业提供强有力的法律保障。

三、以完善大湾区制度对接打造新发展格局战略支点

在全球化与区域一体化深入发展的今天，广东作为中国改革开放的前沿阵地，正站在新的历史起点上，以更加开放的姿态，进一步优化区域开放布局，深化省际合作，强化经济联系，为构建新发展格局贡献力量。

（一）完善推进粤港澳三地全方位互联互通发展的体制机制

广东要强化大湾区的规则衔接和机制对接，完善推进粤港澳三地全方位互联互通发展的体制机制，就是以市场为主导，打破行政区域规划限制，通过政府与市场的有机协同推进，深化“湾区通”工程，加快“数字湾区”建设。在跨境金融、营商环境、民生工程、基础设施等关键领域，要形成动态的粤港澳三地全方位互联互通发展的新体制机制，健全人才、资本、数据、技术等要素跨境高效便捷流动体制机制，加快建设富有活力和国际竞争力的一流湾区和世界级城市群，最终实现粤港澳大湾区高质量发展。

一方面，要持续提升粤港澳大湾区基础设施“硬联通”水平。

广东要打造互联互通、管理协同的基础设施体系，建设“轨道上的大湾区”，推进机场群、港口群智能化、数字化、协同化发展，优化完善港珠澳大桥管理运营机制，管好用好深中通道。未来广东将推进干线铁路、城际铁路、市域郊铁路和城市轨道交通实现“四网融合”，通过数字化手段整合多种交通方式，建立综合的信息平台，实现不同轨道交通系统之间的信息互联互通，发挥铁路网的最大效率。预计到2025年，粤港澳大湾区铁路运营及在建里程将超4200公里，2035年将达到5700公里。

另一方面，要持续提升粤港澳大湾区规则机制“软联通”水平。

一是落实《“数字湾区”建设三年行动方案》，充分发挥数字政府“大平台、大数据、大服务、大治理、大协同”能力，推动粤港澳数据、人才、物流、资金畅通流动“要素通”，数字化新型基础设施“基座通”，市场主体投资兴业“商事通”，数字产业集聚发展“产业通”，社会数字化治理高效协同“治理通”，公共服务融合便利“生活通”，粤东粤西粤北加快“数字融湾”，通过“数字湾区”建设牵引带动大湾区全面数字化发展，打造全球数字化水平最高的湾区，数字化成为推动粤港澳大湾区经济社会高质量发展的新引擎。

二是要进一步优化“港车北上”“澳车北上”政策措施，不断完善配套服务，探索在大湾区采用“一地两检”和“合作查验、一次放行”的安排，入境处还在各陆路口岸持续优化“e-道”服务和简化出入境手续，先行计划让内地车辆开至香港机场停泊，稳妥推进“粤车南下”。

三是要优化往来港澳“人才签注”，实施“一签多行”，促进粤港澳大湾区的人才流动和经济发展。自 2023 年 2 月开始，在粤港澳大湾区工作的科研、文教、卫健、法律等六类人才均可向公安机关出入境管理部门申请 1—5 年人才签注，新的人才签注有效期长且不受往来次数限制，未来将进一步优化签注程序和扩大人才涵盖范围，有效解决现有困扰内地人才往返港澳的阻碍，提升大湾区“软联通”水平。

四是统筹推进深圳先行示范区和横琴、前海、南沙、河套等重大平台建设，持续深化通关便利化改革，在各个口岸推广“一地两检”“合作查验、一次放行”等通关模式，协同促进跨境物流、展销贸易、文旅消费、高端制造和科技创新等业态发展，探索粤港澳物流园跨境查验新机制。

五是打造衔接港澳、接轨国际的营商环境，完善民生融合体制机制，支持三地政务服务平台互联和信息共享，持续推进“跨境通办”，拓展“湾区标准”“湾区认证”，拓展就业、教育、医疗、社保等领域合作，拓宽职业资格认可范围，支持港澳青年在粤就业创业，深化“湾区社保通”，编制实施涉粤港澳大湾区专项立法计划，健全民商事纠纷多元化解机制和生态环境联防共治机制。同时，广东还将不断完善大湾区组合港政策，积极探索通关、税务、外汇等便利化监管体制，提升国际贸易“单一窗口”效能，争取扩大启运港退税试点，健全经认证的经营者（AEO）支持机制，健全综合保税区政策措施，建设智慧口岸。

（二）健全省际合作机制，强化粤港澳大湾区与京津冀、长三角等区域重大战略对接联动

在全球化背景下，企业的双向布局、产品的双向进入、要素的双向流动已成为经济发展的重要趋势。为深化对内经济联系，健全省际合作机制，增加经济纵深，广东聚焦“高质量发展”这一核心命题，构建多层次、宽领域的合作框架，以更加开放的姿态、更加务实的举措，深化与京津冀、长三角、海南自贸港、成渝地区双城经济圈等区域的对接联动，用好东西部协作、对口支援、对口合作等机制，推动企业双向布局、产品双向进入、要素双向流动，力求在全球化浪潮中占据更加主动的位置。

一是在产业协作层面，广东充分发挥制造业大省的优势，与京津冀的高端服务业、长三角的先进制造业、海南自贸港的国际贸易自由化便利化政策以及成渝地区双城经济圈的内陆开放高地地位相结合，推动形成产业链、供应

链、价值链的深度融合与协同升级。二是通过建立跨区域产业联盟，促进技术、资本、人才等生产要素的自由流动与优化配置，共同打造世界级先进制造业集群和现代服务业高地。三是依托其丰富的科研资源与创新生态，通过建立联合实验室、共享研发平台等机制，加速科技成果的跨区域转移转化，促进创新链与产业链的有效对接，加强与各大区域在基础研究、应用研发、成果转化等方面的合作。四是推动数据资源共享与开放，构建开放协同的科技创新网络，为区域协调发展注入强劲动力。五是积极举办国际性经贸交流活动，搭建多元化合作平台，吸引全球优质资源汇聚广东，共同开拓国际市场。

（三）发挥对接东盟桥头堡作用，加快推进汕头、湛江临港经济区建设

推进西部陆海新通道建设为广东乃至全国提供了新的对外开放渠道，广东要紧抓这一历史机遇，发挥其在连接东盟、服务全国方面的

独特优势，与海南相向而行协同推动琼州海峡高质量发展，这不仅有助于加强粤琼两省在贸易、投资、旅游等领域的合作，还能进一步拓展广东的对外开放空间，深化与东盟国家的经贸往来。同时，广东还要加快推进汕头、湛江临港经济区建设，完善基础设施，提升港口服务功能，为承接产业转移和对外贸易提供更加便捷的条件。

一是鼓励广东企业“走出去”，在西部地区建立生产基地、研发中心，拓宽市场边界。通过建立生产基地和研发中心，广东企业不仅能够利用西部地区丰富的资源禀赋和成本优势，降低生产成本，还能更贴近中西部市场，深入了解消费者需求，实现产品的精准定位和差异化竞争。

二是积极构建开放包容的营商环境，积极引进西部地区优质资源和企业，提升本地产业化水平。通过加强人才、技术、资本等要素的自由流动，为区域经济发展注入新活力，通过一系列政策创新和制度安排，打破地域、行业壁垒，促进各类要素在区域间的高效配置。具体而言，广东要加大人才引进和培养力度，为西部地区高层次人才提供广阔的发展平台；推动科技创新合作，鼓励企业、高校、科研院所建立产学研用合作机制；优化金融服务体系，为跨区域投资提供便捷高效的资本支持。

三是加快推进汕头、湛江临港经济区建设，完善基础设施，提升港口服务功能。汕头港作为华南地区重要的深水港之一，要充分利用港口资源，通过加强港口基础设施建设、提升港口服务能力和水平，大力发展港口经济，推动港口与产业、城市深度融合发展。湛江港作为华南地区最大的天然深水良港之一，要积极推动港口基础设施建设，加强与国内外港口的合作与交流，共同打造国际航运枢纽，提升港口服务能力和水平，为湛江乃至粤西地区的对外贸易提供便捷高效的物流服务。

（四）完善承接产业基础条件，构筑承接产业转移“蓄水池”和防阻产业外迁的“拦水坝”

广东要推动产业有序转移，完善承接产业基础条件，健全政策支持体系，出台资金、平台、对口帮扶等省级配套政策，支持粤东粤西粤北地区更好承接国内外特别是珠三角地区产业有序转移，构筑承接产业转移“蓄水池”和防阻产业外迁的“拦水坝”，促进区域协调发展。

一方面，完善承接产业基础条件，健全政策支持体系。广东作为经济大省，拥有雄厚的产业基础和完善的产业链体系，具备承接国内外产业转移的优越条件。广东要进一步完善承接产业的基础条件，包括提升土地、交通、能源等基础设施水平，优化营商环境，降低企业运营成本。同时，要建立健全政策支持体系，增强经济发展的内生动力，为产业转移提供政策保障和激励措施。具体而言，一是持续提升基础设施水平，加强土地、交通、能源等基础设施建设，为企业入驻提供更为便捷高效的硬件条件。二是优化营商环境，深化“放管服”改革，推动政策创新，降低企业运营成本，提高市场活力。三是建立健全政策支持体系，为产业转移提供政策保障和激励措施，如税收减免、资金扶持、人才引进等，吸引更多优质企业和项目落户广东。四是构建产业转移“蓄水池”，进而吸引更多国内外优质企业和项目落户，形成产业集聚效应，促进产业结构优化升级。

另一方面，通过加强政策引导、优化产业布局、提升产业链水平等措施，构筑防阻产业外迁的“拦水坝”，化解产业外迁的风险，确保产业链供应链的稳定性和竞争力。具体而言，一是通过科学规划产业布局，引导企业向产业园区、特色产业基地等集聚，形成产业链上下游紧密衔接、协同发展的产业生态。二是鼓励企业间开展深度合作，加大对关键核心技术的研发投入，加强技术创新和资源共享。通过技术创新和产业升级，提升产业链的整体水平和附加值，提高整个产业集群的竞争力。三是推动新兴产业的发展，培育新的经济增长点，为产业链供应链注入新的活力，增强产业的核心竞争力。四是加强与国际先进企业的交流合作，全面推进二次创新，推动产业向高端化、智能化、绿色化方向发展。

第五章　完善推进高质量共建“一带一路”机制

“一带一路”倡议是习近平总书记2013年提出的，彰显了人类社会的共同理想和美好追求，是对国际合作以及全球治理新模式的积极探索，为世界和平发展增添新的正能量。2023年10月，习近平总书记在第三届“一带一路”国际合作高峰论坛开幕式上指出，“世界好，中国才会好；中国好，世界会更好。通过共建‘一带一路’，中国对外开放的大门越开越大”①。推进高质量共建“一带一路”建设既是中国扩大和深化对外开放的需要，也是加强与亚欧非及世界各国互利合作的需要，中国愿意

---

① 《习近平出席第三届“一带一路”国际合作高峰论坛开幕式并发表主旨演讲》，《共产党员》2023年第21期。

在力所能及的范围内承担更多责任义务，为人类和平发展作出更大的贡献。

一、以优化体制机制推进高质量共建“一带一路”

《决定》从体制机制高度提出要“完善推进高质量共建‘一带一路’机制”，这是共建“一带一路”10多年来的新发展和新突破，为进一步深化推进共建“一带一路”提供了发展方向。10多年来，共建“一带一路”已经取得了丰硕成果。截至2024年7月，中国已经与150多个共建国家和30多个国际组织签署了200多份合作文件，相继开展了数千个务实合作项目，全方位推进政策沟通、设施联通、贸易畅通、资金融通、民心相通。2013—2022年，我国与共建国家货物贸易规模累计达19.1万亿美元，年均增长6.4%；双向投资累计超过3800亿美元，承包工程累计完成营业额1.3万亿美元。共建“一带一路”坚持共商共建共享，从

“大写意”进入“工笔画”阶段，从硬联通扩展到软联通，为世界经济增长注入了新动能，为全球发展开辟了新空间，为国际经济合作打造了新平台。共建“一带一路”已成为当今世界最受欢迎的公共产品和最大规模的国际合作平台。

完善推进高质量共建“一带一路”机制，《决定》指出要“继续实施‘一带一路’科技创新行动计划，加强绿色发展、数字经济、人工智能、能源、税收、金融、减灾等领域的多边合作平台建设。完善陆海天网一体化布局，构建‘一带一路’立体互联互通网络。统筹推进重大标志性工程和‘小而美’民生项目”。共建“一带一路”进入高质量发展的新阶段，要坚持目标导向、行动导向，扎实落实高质量共建“一带一路”八项行动，推动“一带一路”国际合作行稳致远，具体而言要着力抓好以下五项工作任务。

第一，继续实施“一带一路”科技创新行动计划，推动所在国家或地区科技创新。首先，要深入实施“一带一路”科技创新行动计划，共同培育创新增长动力，拓展数字经济、人工智能、生命科学、绿色能源、先进制造等领域合作空间。其次，要共同营造开放创新生态，促进知识、技术、人才等创新要素顺畅流动。再次，要共同完善全球科技治理，加强知识产权保护，反对知识封锁和人为扩大科技鸿沟。最后要推动落实《全球人工智能治理倡议》，呼吁各国在人工智能治理中加强信息交流和技术合作，提升人工智能技术的安全性、可靠性、可控性、公平性。

第二，完善陆海天网一体化布局，构建“一带一路”立体互联互通网络。深化与重点共建国家在能源、交通、通信等领域的基础设施合作，完善陆海天网一体化布局，深化设施联通；加强与共建国家发展战略和市场需求对接，充分考虑共建国家政府、地方和民众多方利益和关切，统筹打造铁路、港口、机场以及“丝路海运”、中欧班列、西部陆海新通道等标志性工程；深化三方和多方市场合作，实现优势互补、共同发展；落实好境外项目风险防控政策体系，保障项目和人员安全。

第三，加强绿色发展、数字经济、人工智能、能源、税收、金融、减灾等领域的多边合作平台建设，促进“一带一路”绿色发展和可持续发展。首先，要坚持建设绿色丝绸之路，对接联合国2030年可持续发展议程，高标准建设更多生态环境友好型项目，鼓励企业开展绿色基建、能源、交通等领域合作。其次，要积极商签投资合作备忘录，推动绿色低碳发展信息共享和能力建设，支持发展中国家绿色低碳转型。再次，要加大对“一带一路”绿色发展国际联盟的支持，建设光伏产业对话交流机制和绿色低碳专家网络。最后，要落实“一带一路”绿色投资原则，到2030年为伙伴国开展10万人次培训。

第四，统筹推进重大标志性工程和“小而美”民生项目，开展“一带一路”务实合作。深化与共建国家在智慧城市、物联网、人工智能、大数据、云计算等领域的务实合作；支持共建国家发展数字经济，扩大“丝路电商”全球布局，夯实上合、中阿等电商合作机制，深化与东盟电商合作，推进“中非数字创新伙伴计划”；发挥好丝路基金的金融支持作用，共同建设好中泰铁路、匈塞铁路、中巴经济走廊等项目，聚焦环保、农业、绿色能源、卫生、教育、减贫等领域，高效组织“小而美、见效快、惠民生”项目实施，做优做强“菌草”、鲁班工坊、“光明行”等品牌项目，运营好中老铁路、雅万高铁等项目，推动更多接地气、聚人心的成果落地，切实提升共建“一带一路”国家民众的参与感和获得感。

第五，深化拓展全球伙伴关系，完善“一带一路”国际合作机制。中国积极推动建设更多涉及贸易畅通、投资合作、服务贸易等领域的双边经贸合作机制，运筹好经贸联委会、贸易畅通工作组、投资合作工作组、中非合作论坛、“中国—中亚五国”经贸部长会、中国—海合会 6+1 经贸部长会等合作平台。同时，继续举办“一带一路”国际合作高峰论坛，推动与共建国家一道，打造开放、包容、均衡、普惠的区域经济合作框架，充分发挥已有的各类合作平台作用，推动建立适合共建国家需求特点的技术、标准和规则。此外，加强与共建国家在世界贸易组织框架下的合作，促进能源、税收、金融、减灾等领域多边合作平台建设，积极推进亚洲基础设施投资银行等新型多边治理机制建设。

二、广东深度参与和全面融入共建“一带一路”

在共建“一带一路”倡议提出后，广东作为改革开放的排头兵、先行地、实验区，积极响应并主动融入这一重大倡议，通过一系列富有成效的实践探索，不断优化和完善参与高质量共建“一带一路”机制，广东成为我国与共建“一带一路”国家贸易量最大、双向投资最多的省份，为全国乃至全球贡献了独具特色的“广东经验”。

（一）落实党中央决策部署，系统谋划参与共建“一带一路”

在习近平总书记提出共建“一带一路”倡议后不久，广东按照党中央的决策部署早在2015年就制定了《广东省参与建设“一带一路”的实施方案》《广东省参与“一带一路”建设重点工作方案（2015—2017年）》等相关实施方案，积极参与共建“一带一路”。经过几年的实践推进，2019年广东省发改委进一步出台《广东省参与丝绸之路经济带和21世纪海上丝绸之路建设实施方案》，成立广东省推进“一带一路”建设工作领导小组，由省政府主要领导同志担任组长，并多次召开省参与“一带一路”建设工作领导小组会议，精准谋划布局。

一是鼓励本省有关部门与沿线国家相关部门建立对口联系机制，开展信息交流，合作组织活动。二是充分发挥粤港澳大湾区的重要开放平台作用，重点加强“一带一路”建设与粤港澳大湾区战略对接，提升粤港澳协同开放水平，努力将大湾区打造成为“一带一路”建设的重要支撑区。三是完善对外交流机制，充分利用国际友好城市和省部级合作协调机制的交流合作渠道，创新宣传方式，积极倡导共赢理念，进一步拓展和优化对外交流平台，稳步扩大国际“朋友圈”。

（二）夯实基础设施建设，推动形成互联互通格局

在基础设施建设方面，广东通过优化综合交通体系，提升港口、铁路和航空网络的联通能力，推动多式联运发展。第一，协调全省港口错位发展。提升广州港、深圳港国际航运综合服务功能和湛江港、汕头港、珠海港战略支点功能，有效推进港口资源的合理配置，加强与港澳地区港口优势互补和联动合作，推动与沿线国家港口缔结友好港口。第二，强化海铁联运效能。发挥水、铁、空、陆、港等国际多式运输体系高效衔接的优势，创新物流组织方式，推进多式联运发展。第三，蓄力航空网络

通达能力。协调推进粤港澳大湾区空域统筹规划，推广空域精细化管理改革试点成果，提升民航运行服务品质。

当前，广东已深入参与“六廊六路多国多港”互联互通格局，全方位加大开放运力，取得了一系列标志性进展：从粤港澳大湾区始发的“中吉乌”公铁联运国际班列正式开通运营；广州与部分内陆城市的“一港通”铁海联运快速通关模式正式落地；广州首条常态化直航巴西海运航线正式开通；粤港澳大湾区与东盟国际班列“重去重回”双向陆运通道的顺利拉通，等等。据海关总署广东分署统计，2022 年，广东共开行进出口中欧、中亚、东南亚等方向国际货运班列 965 列，同比增加 123.9%。2013 年至 2022 年十年间，广东对共建“一带一路”国家进出口规模从 2013 年的 1.92 万亿元，到 2022 年首次突破 3 万亿元大关，进出口值增至 3.01 万亿元，十年间增长 56.8%。例如，2013 年底，广州港共有“一带一路”方向航线 39 条，至 2023 年 8 月底，广州港“一带一路”方向航线已增至132条，广州港与“一带一路”共建国家的友好港也达到23个；白云国际机场航线网络已连接全球208个航点，与全球主要城市已构建“12小时航空交通圈”。

链接

“中老泰”国际铁路货运助推广州货物出海

2024年10月14日，满载着汽车配件、服装鞋靴等出口货物的第80014次班列缓缓从广州国际港驶出，这是广州开出的首列“中国—老挝—泰国”铁路货运班列，标志着广州国际货运班列再添新线路。该班列从广州国际港出发，通过云南磨憨口岸出境，沿着中老铁路一路南行到达老挝万象，随后前往泰国曼谷，全程用时4天。

随着共建“一带一路”深入推进，我国与东盟国家的经贸合作日益紧密，粤港澳大湾区生产的电子产品、汽车机械、家居建材等深受东盟市场的欢迎。凭借中欧（中亚）班列运行稳定、快速高效等优势，广州国际港“中老泰”班列为粤港澳大湾区与东盟之间的商贸往来提供了更加高效快捷的物流通道。

点评 “中老泰”国际铁路构建出一条高效快捷的国际物流通道，促进了区域经济发展，改善了区域交通条件，加强了“中老泰”之间的文化交流，是共建“一带一路”的“钢铁驼队”。广东要进一步深入参与高质量共建“一带一路”，利用这一历史机遇推动广东商品更加深入走向世界。

（三）深度拓展经贸合作空间，打造对外合作重要窗口

作为外贸大省，广东立足完善对外经贸网络，深化国际合作互利共赢，充分帮助企业开拓多元化市场、务实推进多双边合作机制、举办高端经贸活动。同时，广东注重促进各类展会平台提质增效，打造“一带一路”对外交流合作窗口，有力助推国际产能合作。

一方面，强化多边金融合作，持续提升对“一带一路”的金融支撑服务能力。广东持续发挥中国进出口银行广东省分行、中国信保广东分公司等政策性、开发性金融保险机构的示范引领作用，强化多边金融合作，优化网络布局，鼓励符合条件且有意愿到海外布局的金融机构，到沿线国家设立分支机构，为广东“走出去”企业提供金融服务。为全力争取更多人民币融资窗口资金服务广东，有效满足企业参与“一带一路”项目资金需求，广东省发展改革委分别与国家开发银行广东省分行、中国进出口银行广东省分行签署了推动共建“一带一路”高质量发展合作协议，建立政银企联动机制，重点支持“一带一路”基础设施建设、国际产能合作、对外贸易创新发展、中欧班列高质量发展等领域项目建设。截至 2024 年 5 月，“一带一路”倡议提出以来，国家开发银行广东省分行、中国进出口银行广东省分行累计支持“一带一路”项目融资折合人民币约 4100 亿元。

另一方面，持续打造参与共建“一带一路”的合作平台。广东自 2014 年起每年主办“广东 21 世纪海上丝绸之路国际博览会”，自 2018 年起每年举办粤港澳对接“一带一路”建设论坛，打造“一带一路”对外合作重要窗口。经过数年的培育壮大，海丝博览会、粤港澳对接“一带一路”建设论坛等逐步发展成为在“一带一路”沿线国家和地区具有较强影响力的新平台，国际化、品牌化、专业化、市场化发展步伐加快，国际“朋友圈”和影响力日益扩大。此外，广东稳步推进境外经贸合作区建设，开展首批省级境外经贸合作区考核工作，举办境外投资经营合规培训，落实《广东省境外经贸合作区扶持政策》，研究制定《支持广东省境外经贸合作区发展金融服务措施》，完善合作区金融扶持政策，切实提升企业参与“一带一路”建设的规范化水平，着力提升企业“走出去”的竞争力。

链接

广东省商务厅打造“千百十”综合服务项目品牌，助力粤企平稳有序出海

为落实省委“1310”具体部署，打好“五外联动”组合拳，更加有序推动广东企业“走出去”开展投资合作，有效防范化解各类风险，广东省商务厅持续深入推进“对外投资及境外安全风险防范综合服务项目”。

一是为千家广东省“走出去”企业提供对外投资合作信息服务。依托政经事等平台资源，为企业开通“政经事”小程序企业账户，小程序更新对外投资资讯、最新国际活动、国别（地区）投资指南、海外机构资源以及国际化课程、外贸数据等信息。

二是为百家重点企业提供实时咨询服务。项目团队积极协助企业对接境外官方部门、第三方机构，为企业出海提供包括境外建厂需求、境外公司设立咨询、ODI 备案咨询、海外投资

政策、外派人员风险管理咨询、合作伙伴对接等专业化建议和解决方案。

三是组织十场对外投资促进活动及境外安全风险防范专题活动，有效降低出海的各类风险。

点评 随着中国日益融入经济全球化，中国企业“走出去”越来越多，但随之而来的各类风险也显著增加。广东省商务厅通过“千百十”综合服务项目不仅为未来广东企业“走出去”提供了良好的经验借鉴，还为可能遭遇的风险进行了提前预警，并提供了具有可操作性的应对方案。相信未来，广东企业将在政府的协助以及其他企业传帮带下，能更好地应对各种未知风险，也能更好地适应境外的营商环境。

（四）强化科技合作交流，建立健全科技创新平台

2023 年，中国提出支持高质量共建“一带一路”八项行动，明确未来 5 年将同各方共建

的联合实验室扩大到100家。“一带一路”联合实验室是由科技部批准建设，参照国家重点实验室建设的对外科技合作创新最高级别平台。截至2022年底，广东已获批4家联合实验室，分别是“中国-乌克兰材料连接与先进制造”“中国-斯里兰卡热带海洋环境”“中国—东盟海水养殖技术”“中国-新西兰生物医药与健康”，数量在全国各省市中排名靠前。

除了联合实验室外，广东省内各地市与高校院所也建立了一批“一带一路”科技合作平台：广州市设立有中新国际联合研究院、广州中以生物产业孵化基地；深圳市设立有华大基因全球创新中心；广东省科学院则设立有中国—东盟水土保持国际联合研究中心等。截至2022年底，广东省科技计划项目国际科技合作领域专题支持省内各创新主体与共建“一带一路”国家开展合作项目共160余项，其中包括与巴基斯坦在信息技术与人工智能等领域合作共建人工智能卓越中心，与新西兰奥克兰大学重点围绕生物医药等领域开展合作。

链接

广州探索科研用物资跨境自由流动新机制

广州市试点开展科研用物资跨境自由流动改革，于2023年先后印发两批科研用物资跨境正面清单。一是科学选定试点单位。面向广州市重点打造的“2+2+N”重点创新平台开放申报，广州实验室、香港科技大学（广州）和粤港澳大湾区协同创新研究院先后申报成功。二是结合实际制定正面清单。针对目前科研用物资通关障碍较大的特殊物品及动植物源性生物材料，按照循序渐进、科学、安全推进试点工作的考虑，最终认定动物干细胞等29项物资纳入正面清单。三是针对性出台便利化通关措施。对于纳入正面清单的物品，建立快速通关机制，实施优先办理检疫审批、单证审核、检查等系列便利化措施，并简化办理减免税相关流程。2023年8月3日，香港科技大学（广州）首批被纳入正面清单的科研物资包括兔血清和豚鼠血清等生物样本已经实现了快速通关。

试点以来，动物细胞、血液及其制品等特殊物品进境审批时间由1—2周缩短至1—3天，且检验检疫时间由3天缩短至1天；科研物资减免税审核周期由平均5天缩短至1天；SPF级小鼠等实验动物实现了边隔离边实验。截至目前，已推动试点单位实际享惠进口货值超过3亿元，实际减免税额超过3000万元。

点评　过去很长一段时间，我国基础研究存在题目从国外学术期刊上找、仪器设备从国外进口、取得成果后再花钱到国外期刊和平台上发表的“两头在外”问题。要破解“两头在外”难题仍然任重道远，因此当前还需要进一步优化与海外的科研交流，从最基础的科研用物资跨境自由流动入手，进一步强化中国的科研水平，广州在这一方面的探索也为其他地方提供了有益借鉴。

（五）推动互结友好城市，促进人文交流合作

2015年3月，国家发改委、外交部、商务部联合发布《推动共建丝绸之路经济带和21世纪海上丝绸之路的愿景与行动》，提出鼓励沿线国家重要城市之间互结友好城市，并指出友城工作在“一带一路”中的重要作用。近年来，广东立足世界眼光、国家站位和全省实际，充分利用参与共建“一带一路”的重大历史机遇，推动广东与世界的人文交流合作。当前，广东的城市外交不再局限于建立友好城市关系或承办重要外事活动，还涵盖构建城市间集体协作网络、拓展与跨国公司和国际组织的合作、开展人文交流活动、参与全球治理等模式。2018年4月，在国家文物局的推动下，由广州、南京、宁波共同发起，各海丝申遗城市携手成立海丝保护和联合申遗城市联盟，并签署了海丝保护和联合申遗城市联盟章程。截至2024年7月，广东共与全球66个国家缔结209对正式友

城（不含友好交流省州和城市）：从结好主体看，省级友城 49 对，市级友城 144 对，县（区）级友城 16 对；从区域分布看，亚洲友城 47 个，非洲友城 12 个，欧洲友城 70 个，美洲友城 55 个，大洋洲友城 25 个，实现了对全球主要经济体、新兴经济体和区域性大国的全覆盖。

三、完善参与共建多边合作平台和互联互通网络

广东已成为中国与“一带一路”沿线国家和地区贸易量最大、双向投资最多的省份。截至 2023 年 6 月，广东与“一带一路”沿线国家和地区的进出口总额从 1.1 万亿元增长至 2.3 万亿元，占全省外贸的比重从 16.4% 提升到 27.1%；沿线国家对粤投资额从 47.4 亿元增长至 65.7 亿元，年均增长 3.69%；广东企业在沿线国家累计新设立境外企业（机构）1468 家，实际投资 48.4 亿美元。随着全球经济一体化的

不断深入和共建“一带一路”倡议的持续推进，广东作为中国经济的重要引擎和对外开放的前沿阵地，肩负着在推进高质量共建“一带一路”机制框架内发挥先导与典范作用的重要使命。为此，广东亟须进一步优化并完善其参与机制，以更加积极、开放、创新的姿态参与高质量共建“一带一路”机制。

（一）扩大与共建“一带一路”国家的科技交流合作，建设“一带一路”联合实验室

广东要充分发挥其显著的科研实力与创新潜能，深化与“一带一路”沿线国家在科技前沿领域的广泛交流与合作。首先，要持续建立和拓展联合实验室、技术研发中心等多元化、高水平的合作平台，以此促进科技创新成果的快速共享与高效转化应用，为产业升级与经济发展注入强劲动力。其次，要高度重视人才资源的互动交流与专业培训，通过制定有力政策与提供充足资金支持，为科技合作不断输送智力资源与人才保障，与沿线国家携手并进，共

同推动“一带一路”区域内的科技进步与全面繁荣，实现互利共赢的发展目标。

（二）积极参与绿色发展、数字经济、人工智能、能源、税收、金融、减灾等领域的多边合作平台建设

广东要紧密跟踪全球发展趋势，积极响应并深入参与“一带一路”倡议，特别是在绿色发展、数字经济、人工智能等前沿新兴领域，加强与沿线国家的深度合作与交流。为此，广东要共同建设联合实验室、技术研发中心及多边合作平台，通过这些平台不仅有效促进科技创新成果的共享与高效转化，还显著推动产业升级与经济发展。在此基础上，还应进一步加强与沿线国家在金融、税收、能源等关键领域的深度合作，为“一带一路”建设提供全面、多层次的支撑与保障。同时，面对全球性挑战，尤其是自然灾害，要与沿线国家加强信息共享，协同构建高效、快速的应急响应机制，确保能够及时有效地应对各类灾害，共同推动区域的

可持续发展，实现互利共赢与共同繁荣，为推进高质量共建“一带一路”机制贡献广东力量。

（三）积极参与构建“一带一路”立体互联互通网络，健全中欧班列运营管理机制，完善陆海天网一体化布局

广东应充分发挥其地理位置和交通优势，强化铁路、公路、航空、海运等多种运输方式的紧密衔接与高效配合，致力于构建一个流畅便捷、覆盖广泛的综合物流体系，积极参与“一带一路”立体互联互通网络的建设。同时，还应该健全中欧班列的运营管理机制，通过不断优化流程、提升服务质量，进一步提高运输效率，为国际贸易提供更加有力的支撑。此外，在完善陆海天网一体化布局的过程中，要更加注重信息基础设施的建设与升级，紧跟数字化、智能化的时代潮流，积极推动数字经济与跨境电商的蓬勃发展。

（四）推进重大标志性工程和“小而美”民生项目

《共建“一带一路”未来十年发展展望》中指出，稳步提升共建“一带一路”合作的规模和效益，将“小而美”项目作为合作优先事项，多搞投资小、见效快、经济社会环境效益好的项目，形成更多接地气、聚人心的合作成果，打造一批深受共建国家赞誉、获得感强的标志性工程。广东要积极响应国家的号召，不仅要深度投身于“一带一路”沿线国家的基础设施、能源、交通等大型标志性工程的建设中，发挥自身在技术与资源上的优势，而且要大力推进教育、医疗、文化等领域的“小而美”民生合作项目，为参与推进高质量共建“一带一路”的民心相通展现广东的责任与担当。

（五）深化外事工作机制改革，更好服务国家总体外交

广东要在党中央的坚强领导下深化外事工

作机制改革，强化与国家外交部门的紧密联系与高效沟通，旨在构建一个上下协同、内外融合的地方外交工作新格局。为此，要优化外事资源的配置策略，确保资源使用的高效性与针对性，完善境外人员出入境、居住、医疗、支付、出行等便利制度，用好 144 小时过境免签政策，优化境外客商及国际航班中转旅客“短途游”服务。同时，不断提升外事工作的执行效率与服务质量，为深度参与并推动高质量共建“一带一路”倡议提供坚实的外事支撑。此外，还应积极拓展与国际组织及多边机构的合作网络，通过深化合作内容与层次，有效提升广东在国际事务中的参与度与影响力，进一步增强其在全球舞台上的话语权与软实力。

主要参考文献

1.《中共中央关于进一步全面深化改革推进中国式现代化的决定》，人民出版社 2024 年版。

2.《〈中共中央关于进一步全面深化改革、推进中国式现代化的决定〉辅导读本》，人民出版社 2024 年版。

3.《党的二十届三中全会〈决定〉学习辅导百问》，党建读物出版社、学习出版社 2024 年版。

4.《习近平谈治国理政》第 1、2、3、4 卷，外文出版社 2018、2017、2020、2022 年版。

5.《习近平著作选读》第 1、2 卷，人民出版社 2023 年版。

6. 习近平：《论坚持全面深化改革》，中央文献出版社 2018 年版。

7. 习近平：《论把握新发展阶段、贯彻新发展理念、构建新发展格局》，中央文献出版社 2021 年版。

8. 中共中央党史和文献研究院：《习近平关于中国式现代化论述摘编》，中央文献出版社 2023 年版。

9. 黄奇帆：《战略与路径：黄奇帆的十二堂经济课》，上海人民出版社 2022 年版。

10. 李大伟等：《制度型开放问题研究》，中国言实出版社 2023 年版。

后　记

为深入学习贯彻党的二十届三中全会精神，认真落实中共广东省委十三届五次全会精神和要求，充分发挥党校干部培训、思想引领作用，中共广东省委党校（广东行政学院）以“改革再造一个新广东”为丛书名组织校（院）专家学者编写系列教材。其中，本书聚焦“完善广东高水平对外开放体制机制”的重要论述，围绕做实“一点两地”全新定位，打造高水平对外开放门户枢纽，进一步完善广东高水平对外开放体制机制，形成了本书。

改革开放以来，广东从一个农业大省发展成为中国第一经济大省，参与铸就了伟大的改革开放精神、特区精神。开放就是这些精神的内核之一，也是改革开放以来广东取得一切伟大成就的成功经验，更是未来广东继续进一步全面深化改革的底色所在。广东能有今天这样的好局面，得益于改革开放；要在新征程开创广东工作新局面，根本上还要靠改革开放。新时代广东要抓住这千载难逢的历史机遇，在进一步全面深化改革中发挥好窗口作用、试验作用、排头兵作用，就必须进一步扩大开放，推动完善广东高水平对外开放体制机制，才能完成党中央交办的重要历史任务，才不会辜负习近平总书记的殷切期望。

本书由中共广东省委党校（广东行政学院）中共党史教研部副主任李金哲牵头组织编写，来自决策咨询部和中共党史教研部的学者共同参与撰写工作，具体分工如下：前言、后记、第一章、第五章以及全书的统稿由李金哲负责，第二章和第三章由易云锋副教授负责，第四章由万蕊嘉副教授负责，第四章和第五章的案例收集工作由硕士研究生徐伟军负责。本书是集体攻关的成果，在时间紧、任务重的情况下，各位成员潜心钻研、兢兢业业、团结合作，较好地完成了本书的撰写工作。

在本书撰写和出版过程中，中共广东省委党校（广东行政学院）常务副校长蒋达勇同志、校委委员刘朋同志、教务处处长许德友同志组织了多轮讨论论证，张海梅教授、何苏燕副教授对本书进行了审读把关，多次提出修改意见。在本书付梓之际，谨对他们的辛勤付出表示衷心的感谢！

党的二十届三中全会精神内涵丰富、博大精深，广东作为排头兵、先行地和实验区，在对外开放体制机制改革方面大胆实践、大胆探索，有许多值得挖掘提炼的好经验、好做法。但受水平和时间所限，书中难免有错漏与不当之处，敬请各位读者不吝指正赐教！

本书编写组

2024 年 12 月